Los ángeles

Aurelio Penna

Los Ángeles

EDITORIAL DE VECCHI, S. A.

A pesar de haber puesto el máximo cuidado en la redacción de esta obra, el autor o el editor no pueden en modo alguno responsabilizarse por las informaciones (fórmulas, recetas, técnicas, etc.) vertidas en el texto. Se aconseja, en el caso de problemas específicos —a menudo únicos— de cada lector en particular, que se consulte con una persona cualificada para obtener las informaciones más completas, más exactas y lo más actualizadas posible. **EDITORIAL DE VECCHI, S. A.**

Proyecto gráfico de la cubierta: Design Simona Peloggio

Balmes, 247. 08006 BARCELONA
Depósito Legal: B. 49-1998
ISBN: 84-315-1636-4

Indice

Prólogo

¿Se han convertido los ángeles en una moda?

Alguien podría pensar así después de ver la increíble cantidad de publicaciones —algunas de bastante calidad— que se han editado últimamente sobre este tema. Pero, aunque así fuera, se dice siempre que una moda nace y sobre todo se consolida cuando existe una fuerte demanda por parte del público o, al menos, cuando el público está preparado para asumirla.

En nuestro caso, el interés que están suscitando los ángeles a finales de este milenio parece esconder algo más profundo: ansiedad y malestar, deseo de conocer y entender, necesidades existenciales desconocidas durante demasiado tiempo, sed de espiritualidad, exigencia de empezar otra vez, de «nacer de nuevo».

Los tres últimos siglos, desde la Ilustración hasta hoy, han registrado una serie casi increíble de progresos para la humanidad, pero progresos únicamente materiales, como el crecimiento del poder sobre la naturaleza, pero también sobre los otros hombres, y el aumento de conocimientos teóricos y prácticos.

Pero junto a esto, todavía no se ha verificado un crecimiento paralelo de la espiritualidad, un ahondamiento en el conocimiento y en la responsabilidad, también en este caso hacia la naturaleza y hacia los otros hombres, sino que, por el contrario, se ha producido una especie de regresión, una aridez en lo que a sentimientos humanos se refiere, una dispersión y una pérdida de los valores que han dado paso al cinismo y al renacimiento del absurdo y de la vulgaridad. Hasta que los éxitos de la ciencia y la gran proyección política de nuestro siglo no han hecho pensar en la posibilidad de realizar una hipótesis sobre un progreso exponencial imposible de frenar, no se ha percibido la necesidad de reflexionar sobre tal dicotomía.

Pero cuando ha quedado claro que la ciencia por sí misma no podría proporcionar al hombre la felicidad y ni siquiera lo necesario para vivir, sino que, por el contrario, practicada sin discernimiento ni moralidad, hubiera podido llegar a destruirlo; cuando se ha hecho evidente que las utopías no tenían la posibilidad de convertirse en realidad, entonces ha sido imposible sustraerse a una profunda, auténtica y dolorosa toma de conciencia.

Para intentar llenar los vacíos que se habían creado y llegar a la comprensión, ha sido necesario recurrir al patrimonio más escondido de la humanidad, a su sabiduría y a sus tradiciones acumuladas a través de milenios, buscando al mismo tiempo unir todo esto a los conocimientos reunidos por la ciencia moderna.

A través de este trabajo aparece con toda su importancia la dimensión espiritual del hombre que no niega su dimensión material sino que, al contrario, la valora y la complementa.

De este modo, en este universo redescubierto, también vuelven a volar los ángeles.

Hasta podríamos decir que se han puesto de moda otra vez, pero el término parece algo restrictivo, porque al evocar una dimensión un poco fatua y consumista se banaliza e incluso se ofende lo que realmente es una sincera, comprometida y dolorosa búsqueda del hombre contemporáneo. A esta búsqueda queremos ofrecer una modesta contribución a través de las páginas de este libro.

Los ángeles: ¿existen realmente?

Parece como si el problema de los ángeles no fuera más que una cuestión sutil y de poco peso, exactamente igual a la pluma de una ala, pero en cambio se trata de un problema grave que implica realidades muy sólidas sobre la controvertida presencia de estos etéreos habitantes de los espacios siderales.

De hecho, los argumentos que se utilizan para negar la existencia de los ángeles pueden usarse de igual forma para negar la existencia de Dios.

Se trata, desde luego, de argumentos respetables y que tienen el mismo valor que los que se adoptan para sostener la tesis opuesta, pero que si se aceptaran cortarían de raíz cualquier discurso acerca de la realidad de los ángeles, relegándola a una mera proyección fantástica de nuestras circunvoluciones cerebrales o, como mucho, dejarían espacio al análisis literario sobre una tradición poética de fábulas que se repiten en todo el mundo.

Es decir, se hablaría de la angelología como corolario de la teología. Aclarémoslo un poco: solamente si se acepta la existencia de Dios —esa hipótesis de inteligencia, de voluntad y quizá de amor que muchos creen que es el creador y el gobernador del mundo— es posible aceptar la existencia de los ángeles.

Esto es posible, pero no absolutamente necesario. De hecho, Dios está seguramente capacitado para existir y obrar sin una corte de ángeles rodeándole. O quizá no, porque si, tal y como se ha dicho siempre, «Dios necesita a los hombres», del mismo modo podría necesitar a los ángeles, o simplemente los utilizaría para llevar a cabo sus planes.

Si el universo tiene un sentido, una racionalidad, una armonía o una finalidad, entonces está claro que los hombres (y con ellos los animales y las plantas), que ocupan sólo un fragmento infinitesimal de este universo, no son necesariamente las únicas criaturas posibles, las únicas que existen. Es más, si fuera así, podríamos decir que se trata de algo extraño, de algo anormal.

Sería perfectamente lógico que, junto a los hombres, existieran otras criaturas, quizá en el interior de mundos diversos y paralelos, con fisonomías y características distintas e inmersos en dimensiones desconocidas, que huyen de las tradiciones dentro de las que estamos obligados a conducir nuestra vida en la tierra.

Que luego estas entidades puedan tener una consistencia etérea y puramente espiritual o que estén privadas de esta materialidad que, al menos en parte, nos caracteriza no nos tendría que sorprender tanto; sobre todo desde que la física contemporánea nos ha enseñado que la materia, tal como se concebía en el pasado, con una consistencia espacial tangible e indestructible, en realidad no existe porque se trata sólo de una condensación parcial y temporal de la energía que invade todo el universo. Demos, pues, espacio a los ángeles, percibámoslos junto a nosotros, reconozcámoslos como hermanos, como si fueran hijos de un mismo Padre, compañeros de camino en este viaje fascinante y misterioso que es la existencia.

Pero, ¿qué es un ángel?

Las enciclopedias lo definen como «mensajero» o «ministro» (del hebreo *mal'akh*), con un sentido específicamente religioso de ser sobrehumano, intermediario entre el cielo y la tierra, entre Dios y los hombres. Seres que Dios utiliza para las anunciaciones a los hombres y para que se cumpla su voluntad en la tierra (Treccani).

El término hebreo se ha traducido en griego como *anghelos*, de donde deriva nuestro «ángel».

Los ángeles son los habitantes de un reino intermedio entre Dios y el hombre y como tales llenan un vacío. En sus contactos con el mundo humano pueden llegar a asumir formas absolutamente imprevisibles.

¿Son los ángeles una leyenda o una realidad?

Cada uno de nosotros debería tener la posibilidad de conocer todo lo que se ha dicho y todo lo que se dice sobre ellos para poder extraer luego sus propias valoraciones, y decidir personalmente lo que se acepta y lo que se rechaza de tales tradiciones. Seguramente, un análisis de este tipo daría paso a un enriquecimiento.

El ángel constituye una de las figuras con las que más a menudo se tropieza al referirse al problema de lo divino. Se encuentra siempre presente en las distintas creencias, incluso a través de imágenes distintas. En concreto, respecto a Occidente, cabe decir que se reconoció como «artículo de fe» por el IV Concilio Lateranense, en 1215.

Antiguamente, los ángeles gozaron de una enorme fortuna que se dio a conocer, no sólo a través de la reflexión teológica, sino también, y básicamente, a través de las leyendas, la literatura y el arte. En cambio, los hombres de nuestro siglo han encerrado generalmente a los ángeles entre los recuerdos, dulces y a veces añorados con nostalgia, de la infancia.

La verdad es que en el siglo XX importantes autores y estudiosos como Henri Corbin, Daniélou, Maritain, Bulgakov, von Balthasar y De Lubac han hecho interesantes reflexiones sobre los ángeles; sin embargo cabe señalar que la angelología se encuentra ausente de la teología de nuestro siglo, ya que, según ella, los ángeles forman parte de aquellas mitologías cristianas que deben desaparecer.

Por fortuna, en estos últimos años se ha manifestado una fuerte tendencia que es totalmente contraria, puesto que los ángeles están volviendo con prepotencia al primer plano —si puede aplicarse este término al referirnos a unos seres tan dulces y livianos— y están suscitando un apasionado interés en todos los niveles de la sociedad y en todo el mundo.

El profesor universitario Giorgio Galli, ilustre politólogo y profundo estudioso de culturas esotéricas, escribe: «Los ángeles que han aparecido de nuevo, en estos años, en las sociedades occidentales no son los de la tradición cristiana y católica. No son los mensajeros de la divinidad, como aclara la etimología de la palabra. No son los conductores del ejército celestial, con el arcángel Miguel al frente, que desafía la armada del demonio. No son los ángeles de la guarda de la tradición, presentes en la infancia de las generaciones nacidas hasta la segunda guerra mundial. Los ángeles que han aparecido ahora son otra cosa. Creo que puede decirse que son los ángeles de la nueva era: formas de energía con las que quien cree en ellas puede entrar en comunicación; también mandan mensajes, pero no solamente los del Dios de la tradición judaico-cristiana, sino los de las más diversas entidades, de sabios de eras antiguas a habitantes de los mundos más lejanos. Son también acompañantes en otras dimensiones, ángeles de luz, la aparición de los cuales sería una experiencia que parecería común a las personas que acaban de salir de un coma profundo, según lo que retienen pueden documentar a los investigadores de este campo»[1].

[1] De *New Age and New Sounds*, diciembre 1994, Monza.

Decíamos que los ángeles son comunes a las distintas creencias y que a menudo se les da el nombre, también en Occidente, de *devas*. Se trata de un término que, en la mitología oriental y en particular en la védica o en la budista, se refiere a espíritus benignos y de naturaleza angelical. Esta palabra deriva del sánscrito *daiva*, que significa «resplandeciente» o «ser de luz» y que indica la divinidad.

El deva, en el panteón oriental, está considerado precisamente como una divinidad menor, y se le confía principalmente la protección de lugares y entidades como los bosques, los árboles, las nubes, los lagos, los vientos y las montañas. Generalmente protege también los elementos de los reinos mineral, vegetal y animal. Estos seres, según las diferentes culturas, reciben los nombres de hadas, gnomos, duendes, elfos, ondinas y trolls. Así pues, cada elemento de la creación, por mínimo que sea, se confía a la protección de un deva, es decir de un espíritu de la naturaleza.

Todavía sigue viva en varias partes del mundo, incluido Occidente, la tradición de ofrecer a estos seres una degustación de los productos de la tierra —como frutas, miel e incluso whisky en algunas regiones de Inglaterra—.

El término «ángel» se reserva, preferentemente, a los seres que se ocupan del hombre.

La existencia de los deva y de los ángeles reside en el hecho de que cada parcela de la realidad pertenece al gran orden y a la gran armonía del universo, y que cada una tiene su propio papel y una función específica. Para que pueda cumplir con la tarea que le han asignado está guiado por una inteligencia superior, precisamente angelical, que constituye tan sólo una parte infinitesimal de la inconmensurable sabiduría divina que llega, por decirlo de alguna manera, seleccionada y distribuida a través de los canales de las jerarquías celestes. Por lo tanto, en el interior del cuadro general, cada especie persigue su propia meta, según un esquema evolutivo que las lleva a buscar constantemente la ascensión a niveles superiores. Sucede lo mismo con el hombre, el destino del cual es ascender a una dimensión sobrehumana, a la condición angelical por la cual se convertirá a su vez en ángel.

Este proceso evolutivo, desde los niveles inferiores hasta los superiores lo ha descrito de forma maravillosa Teilhard de Chardin. Su teoría es una de las más audaces y sugestivas del principio de la evolución aplicado a la realidad universal y al hombre.

Pierre Teilhard de Chardin, jesuita francés que vivió entre 1881 y 1955, fue un científico dedicado a la geología y la paleontología, pero también un filósofo y un teólogo de gran renombre, un pensador de gran envergadura y originalidad, dedicado a reconciliar el principio de la evolución con la fe cristiana para restituir al hombre una esperanza concreta en el futuro. En sus obras intenta dar una nueva interpretación del cristianismo en los términos de la cultura moderna, y presenta para ello una visión muy original del cosmos, del hombre y del sentido de la vida que, partiendo de la ciencia, propone al hombre como la clave y la punta cualitativa más alta del universo.

Teilhard empieza desde una perspectiva evolucionista generalizada y desarrolla su pensamiento sobre tres niveles distintos.

En el primer nivel, el científico, nos encontramos con un proceso en el que la materia, partiendo de un estado de simplicidad elemental, se complica asumiendo la forma de cuerpos cada vez más evolucionados hasta la aparición de la vida. En condiciones particulares, la vida se manifiesta por generación espontánea sobre la Tierra y también quizá en otros lugares. El proceso está gobernado por la ley de *complejidad y conocimiento*, por la que a estructuras orgánicas cada vez más complejas corresponde una conciencia cada vez mayor de sí mismo, que alcanza su punto máximo en el ser humano, con el pensamiento y la facultad de reflexión, que se corresponde con la máxima complejidad orgánica, representada por el sistema nervioso y por el cerebro. Existe, por lo tanto, una progresión desde la «cosmogénesis» a la «biogénesis», que culmina en la «antropogénesis». Esto demuestra que en el universo la evolución es direccional, que en un proceso de millones de años la evolución tiene como finalidad la creación del ser humano, con su conocimiento, su pensamiento y su capacidad de amar.

Se llega así al segundo nivel, el filosófico. Parecería ilógico pensar que la evolución llegase a su fin con la creación de una multitud de individuos separados, si se parte del supuesto de que la historia del cosmos se manifiesta como un proceso de unificación. Esta es, pues, la fascinante hipótesis de este filósofo y científico: la evolución continúa, pero ya no en la esfera de la biogénesis, sino en la de la mente y en la del pensamiento, a la que da el nombre de «noosfera».

Ahora las fuerzas evolutivas son de naturaleza espiritual, es decir, del conocimiento de la afectividad, la energía amorosa, y unifican a la humanidad como si fueran un *sistema nervioso espiritualizado*. El progreso de la humanidad se convierte en sinónimo del aumento del conocimiento de poseer un destino unitario.

A través de un proceso posterior de millones de años, la capacidad de amar y unir debería alcanzar un *punto omega,* fuera del mundo, en el que todo converge y que desde sus orígenes supervisa el proceso mismo.

Sin embargo, Teilhard rechaza el determinismo ciego e introduce en el sistema una posibilidad de elección, una opción moral. De esta manera se llega al tercer nivel, el teológico, que además es específicamente cristiano.

Teilhard defiende la existencia de una fuente de amor personal que se encuentra situada fuera del proceso evolutivo. La identifica como un absoluto trascendente capaz de activar la energía amorosa del mundo y, por lo tanto, capaz también de guiar la evolución universal hacia su cumplimiento. También identifica el *omega* de la evolución con el Cristo de la revelación que, por lo tanto, constituye al mismo tiempo el *alfa* y el *omega*, el principio y el final de todo, el señor y la esperanza del universo.

Aunque no se encuentre una referencia explícita a ello, está claro que esta visión científica y filosófica de vanguardia, presupone la existencia y la función de entidades espirituales, de esos seres de luz y energía que nosotros llamamos ángeles.

Las tareas de los ángeles son, pues, manifestar, preservar y secundar el orden y el proyecto divino que invade el universo, es decir, que son antes que nada portadores de la ley suprema y, como tales, nos siguen, nos protegen y nos ayudan.

Santo Tomás de Aquino, llamado con mucho acierto «doctor angelical», es el mayor filósofo de la Edad Media y su filosofía se ha convertido en la doctrina oficial de la Iglesia católica. En su *Summa Theologica* afirma que el ángel de la guarda se encuentra siempre cerca del hombre, durante la vida y durante su paso al más allá.

Anteriormente, el apologista cristiano del siglo III, Tertuliano, afirmaba que el alma, al llegar al otro mundo «... se estremece de gozo al ver el rostro de su propio ángel que se apresura a conducirla a la morada que se le ha destinado».

Es curioso ver cómo estas afirmaciones encuentran paralelismos en las observaciones que han hecho numerosos científicos contemporáneos ocupados en el estudio de experiencias de premuerte. De estas experiencias, extremadamente interesantes y clarificadoras, trataremos más adelante.

Hablando de las tareas propias de los ángeles, vale la pena citar una afirmación de Emmanuel Swedenborg, científico y hombre de gran cultura del siglo XVIII, alumno de Newton y Halley, hospedado en la corte sueca y autor de más de ciento cincuenta obras científicas. En un cierto momento de su vida empezó a estudiar la psique humana y los sueños, y a través de esta actividad entró en contacto permanente con el mundo ultraterrenal de los espíritus celestiales y de los muertos, de los que recibió revelaciones y visiones. Sus obras en este terreno suscitaron el interés de hombres como Kant,

Goethe y Jung. Afirmaba, pues, Swedenborg: «Es tan grande el poder de los ángeles en el mundo espiritual que si yo tuviera que dar a conocer todo aquello sobre lo que he sido testimonio, sería difícil creerme. Los ángeles derriban y eliminan, mediante un simple movimiento de la voluntad, cualquier obstáculo que sea contrario al orden divino» *(Cielo e infierno).*

Llegados a este punto, es necesario aclarar cómo son y cómo se manifiestan los ángeles. Aunque pueda ser desagradable abandonar imágenes tradicionales a las que estábamos acostumbrados desde la niñez, nos vemos en la obligación de decir que los ángeles no poseen las características parcialmente antropomórficas que nos han transmitido el arte y la iconografía corriente, que lo han presentado como una criatura que, según las circunstancias, estaba dotada de poderosas alas, rizos dorados y hábitos suntuosos. En particular las alas no servirían para nada ya que son capaces de trasladarse instantáneamente a cualquier lugar con sólo pensarlo. Los ángeles, de hecho, son puro espíritu, luz radiante, vibrante energía. Para santo Tomás los ángeles eran «puro intelecto».

Los ángeles pueden entrar en contacto con los hombres bajo distintas formas y de diversos modos, por ejemplo, como personas comunes, como figuras de luz o también como voces, susurros, pensamientos, reflexiones, iluminaciones, sueños y visiones.

En general, los ángeles tienden a presentar rasgos familiares y comprensibles para los ambientes culturales a los que pertenecen las personas a quienes se aparecen. También pueden adquirir el aspecto de un animal. Es lícito considerar que los ángeles se manifiestan como cuervos en la narración de la Biblia, pues tanto por la mañana como por la noche llegaban al desierto para ofrecer apoyo al profeta Elías. También son cuervos los pájaros que, junto a las águilas y según los pieles rojas, intervienen para ayudar, curar y llevar los mensajes divinos. De todos modos, los indios de América, hablan también sobre apariciones angelicales bajo formas humanas.

El número de ángeles es infinito. Los textos sagrados de las distintas religiones, cuando se refieren a ellos, hablan de comitivas, legiones o ejércitos. Las cifras al respecto son muy dispares ya que oscilan desde los ciento mil hasta los cuarenta y nueve millones de la Cábala hebraica.

Intentemos ahora entender cuál es la naturaleza y cuáles son las características de nuestra relación con los ángeles.

Para empezar, parece como si su presencia y su asistencia no fuera una opción, es decir, algo no necesario y de lo que se puede prescindir cuando uno lo desee.

Carl Gustav Jung afirma en su autobiografía que ha advertido, a través del examen de millares de pacientes que asistió durante su larga carrera como psicólogo, que más de un noventa por ciento de las dolencias psicológicas se pueden imputar a carencias espirituales. Así pues, no es verdad que los bienes materiales, la riqueza y el éxito colmen la existencia. Para ser verdadera e íntimamente feliz el hombre necesita algo más, necesita el pan del espíritu. Lo dice también Jesús: «Buscad, pues, primero el reino de Dios y su justicia; y todas las demás cosas se os darán por añadidura» (Mateo 6, 33).

Actualmente la ciencia nos enseña que fenómenos como la creatividad, la intuición, la inspiración, la iluminación, el éxtasis y la expansión de la conciencia forman parte integrante de la naturaleza humana y deben ser estudiadas como tales.

La consecuencia es que el hombre, sobrepasando los límites tradicionales, adquiere el conocimiento de formar parte de un todo, que se expresa no sólo con la materia, sino también con la energía y con el espíritu.

Albert Einstein afirma que: «Cada ser humano forma parte de un conjunto llamado universo. Que cada uno experimenta sus propios pensamientos y sus propios sentimientos como algo separado del resto, como una especie de ilusión óptica de la conciencia, pero una ilusión que se convierte en una prisión. Nuestra misión consiste en liberarnos a nosotros mismos de esta prisión, ampliando nuestro círculo de comprensión y conocimiento, hasta incluir a todas las criaturas vivientes y a la totalidad de la naturaleza en todo su esplendor».

Esto es también lo que mantiene el *holismo* (del griego *holos*, el todo, el conjunto), una doctrina muy antigua que el hombre contemporáneo está descubriendo tras superar muchas dificultades. Esto surge de la constatación de que el pensamiento racional de Occidente ha desarrollado, sobre todo a partir del siglo XVIII, una metodología que separa para alcanzar el conocimiento, y por ello conoce sólo parcialmente, realizando, de hecho, una fragmentación de lo existente.

El cambio cultural de nuestro siglo, iniciado por la física cuántica y por el descubrimiento de Einstein del principio de la relatividad, ha invertido la situación precedente, proyectando una realidad universal como sistema integrado y armónico, donde cada individuo constituye una parte indispensable de un todo y la humanidad es un único cuerpo viviente compuesto por millones de células, tantas como seres humanos existen.

Esto ha dado paso a una nueva toma de conciencia y ha puesto en marcha la búsqueda de una visión global del hombre, del ambiente en el que vive, del universo entero, valorando la potencialidad de cada individuo y las expresiones particulares y originales de cada una de las distintas culturas; en esto consiste el holismo.

Nuestra era ofrece nuevas perspectivas para que el hombre se reconcilie consigo mismo, con los otros seres vivos, con todos los seres —animados o inanimados, materiales y espirituales— que le rodean, porque la existencia es sólo una.

Volviendo a los ángeles, hemos visto que se trata de mensajeros de la divinidad y que su principal trabajo es abrir una vía para el diálogo con Dios, y mostrar al individuo, siempre respetando su libertad, el camino que le conduce hasta Él. Por otro lado, también es el custodio del hombre, lo sigue paso a paso en su existencia y sobre todo le proporciona protección en las adversidades.

Muchas personas sostienen que la verdadera función de los ángeles, más que de protección en las pequeñas y grandes dificultades de la vida, debería ser iluminativa. Es decir, el ángel debería representar para el hombre una guía espiritual, que lo dirigiera en lo moral y lo ayudara en su evolución hacia el descubrimiento y la realización de sí mismo, en una larga espiral de perfeccionamiento progresivo según una creación que continúa incesantemente en todo el universo.

Los hombres y los ángeles están divididos, pero unidos al mismo tiempo; viven en mundos paralelos, pero que se complementan; de hecho, estos seres de luz que nos parecen tan lejanos están en realidad muy cerca de nosotros.

Cada individuo —sea creyente o ateo, bueno o malo— va siempre acompañado de una entidad invisible, de naturaleza espiritual, dotada de una inteligencia excepcional y de unos poderes extraordinarios, puesto que lleva consigo una parte de la energía divina que anima la creación y que él pone a disposición de su protegido.

El encuentro con el ángel es una experiencia real, común a un gran número de personas y recogida y estudiada por una multitud de serios investigadores; se trata de algo real porque en todos los casos provoca como consecuencia un cambio radical en la existencia de las personas. Poco importa si, al menos de momento, esta experiencia no puede ser «explicada» mediante los parámetros de la ciencia tradicional de tipo positivista.

Conseguir establecer una relación con el propio ángel es sumamente gratificador, puesto que se trata de encontrar una potencia celestial que nos pertenece, que nos guía y nos ayuda en nuestra dimensión individual. En cierta manera, se trata de algo más directo, íntimo y personal de lo que pueda llegar a ser la misma relación con Dios como entidad soberana e infinita que nos pertenece a todos.

El encuentro con el ángel es una experiencia totalmente nuestra; y es que, en efecto, y sobre todo al principio, nos encontramos con una especie de reserva por compartir estas experiencias con los demás, porque se presupone que normalmente este tipo de vivencias no son creíbles y se corre el peligro de hacer el papel del visionario o, peor todavía, el del impostor.

Queda por añadir que, si bien profesar la fe en Dios ya no extraña a nadie, ni siquiera a un ateo, expresar la fe en los ángeles puede provocar fácilmente un malentendido, ya que al presentarse a los ojos de los demás como ingenuos y supersticiosos ello puede desvalorizar nuestra imagen social.

Tomás Kemeny puntualiza de forma muy aguda cuáles son las consideraciones que el hombre debe tener con los ángeles y cuáles deben ser las expectativas correctas: «Los ángeles no actúan de socorristas en un puesto de primeros auxilios, de enfermeras de la Cruz Roja, de psicoanalistas o de sustitutos ocasionales de un presentador de televisión. Los ángeles no forman parte del mundo útil, sino del lujo del espíritu». Se trata de una forma ocurrente y graciosa de decir que para referirnos a ellos es necesario mantener un profundo respeto, de la misma forma que se precisa discernimiento y sobriedad en el momento de presentarles nuestras demandas.

Puede suceder que el ángel esté ausente cuando deseemos verlo y lo invoquemos y que, en cambio, aparezca cuando no se le esté buscando y no se piense en él. A veces puede suceder que se perciba de forma muy clara la presencia de entidades espirituales que nos cuidan.

Hay momentos en que los ángeles comunican continuamente y usan siempre manifestaciones y señales que se recogen y se interpretan. En algunos casos puede plantearse la duda de si las señales que se reciben no son más que fenómenos totalmente casuales. Es precisamente en estas situaciones en que pueden recibirse nuevas señales tan impresionantes que no sólo no pueden ser ignoradas, sino que, además, provocan una gran turbación. Se trata de las combinaciones o coincidencias de sucesos a las que Jung da el nombre de «sincronismos».

Respecto a la actitud de la Iglesia frente a los ángeles cabe decir que siempre los ha tratado de distintas formas. Ya hemos visto cómo en el IV Concilio Lateranense fueron reconocidos como artículo de fe. Este reconocimiento ha perdurado hasta nuestros días, tal y como aparece claramente en el artículo 328 del *Nuevo Catecismo de la Iglesia Católica*: «La existencia de los seres espirituales e incorpóreos, que las Sagradas Escrituras llaman normalmente ángeles, es una verdad de fe. El testimonio de las Escrituras es tan claro como la unanimidad de la Tradición».

Pero, por otra parte, la Iglesia no esconde una cierta desconfianza justificada por el temor de que en el culto popular puedan usurpar el lugar que corresponde a Dios y a Jesucristo.

En el siglo IV, el Concilio Laodicense afirmó solemnemente que: «Los cristianos no deben abandonar ni a la Iglesia ni a Dios... invocar a los ángeles, celebrar en su honor... Si alguien se encuentra en esta idolatría escondida, que sea anatematizado, porque ha abandonado a Nuestro Señor Jesucristo Hijo de Dios y se ha convertido en un idólatra».

Este mismo concepto ha sido secundado actualmente por monseñor Del Ton que ha escrito: «No debe exaltarse a los ángeles con especulaciones que puedan dañar a Cristo, disminuyendo o rebajando una soberana superioridad que la fórmula del Símbolo niceno-constantinopolitano ya señala: "todo ha sido creado para Cristo". El verbo de Dios, hecho hombre, es el jefe y soberano de los ángeles».

Todo esto confirma lo que para la Iglesia ya estaba bastante claro desde un principio, como está escrito en el Nuevo Testamento (Apocalipsis 19, 10): «Me arrojé a sus pies para adorarle [al ángel] y me dijo: "Mira, no hagas eso; consiervo tuyo soy y de tus hermanos, los que tienen el testimonio de Jesús. Adora a Dios"».

El «problema de los ángeles», si puede llamarse así, ha suscitado desde siempre un gran interés y una fuerte implicación por parte de una multitud verdaderamente imponente de historiadores, pensadores, científicos, teólogos, místicos, filósofos, investigadores, poetas, escritores y hombres de cultura.

Veamos ahora las reflexiones y los testimonios de algunos de ellos, gracias a los cuales conseguiremos ampliar y profundizar nuestro conocimiento sobre un tema muy apasionante y que prácticamente no posee límites.

Empezaremos por el Salmista. Este autor bíblico, en el Salmo 91, refiriéndose a Dios nos dice: «Pues te encomendará a sus ángeles para que te guarden en todos tus caminos, y ellos te levantarán en sus palmas para que tus pies no tropiecen en las piedras».

Hesiodo, poeta griego del siglo VIII a. de C., en su escrito *Los trabajos y los días* nos dice:

Pero puesto que la tierra escondía en su regazo a esta generación
ellos se han transformado ahora en Espíritus beatos
y viven aún sobre la Tierra,

y son custodios de los hombres mortales,
y vigilan las obras del bien y del mal.
Vestidos de aire,
se mueven por toda la tierra
como dispensadores de riqueza.
Este destino como regalo tuvieron ellos...

San Agustín, uno de los más grandes doctores de la Iglesia que vivió en el siglo V, nos dice: «De cada una de las cosas visibles de este mundo se ocupa un ángel. Los ángeles son espíritus, pero no es el hecho de ser espíritus lo que les hace ser ángeles. Se convierten en ángeles cuando se les encomienda una misión. El nombre de ángel, de hecho, se refiere a su función y no a su naturaleza. Si preguntáis por el nombre de esta naturaleza os contestaré que es espíritu; si preguntáis por su función os contestaré que es la de ser ángel, que tiene el significado de mensajero».

Meister Eckhart, uno de los mayores místicos de la Edad Media, nos explica: «Esto es lo que es mi ángel, nada más que una idea de Dios».

John Milton, sobresaliente poeta inglés del siglo XVII, sostiene en su obra *El Paraíso perdido* que: «Millones de criaturas espirituales se mueven, sin ser vistas, sobre la tierra, cuando estamos despiertos y cuando dormimos».

Emmanuel, científico y místico del siglo XVIII, del cual ya hemos hablado, en su *Memorabilia* afirma que: «Cuando le apetece a Dios, los buenos espíritus se nos aparecen y también a sí mismos, bajo forma de luminosas y límpidas estrellas, que resplandecen según su grado de caridad y fe; mientras que los espíritus malvados se aparecen como bolitas de carbón ardiente».

John Henry Newman, cardenal inglés que vivió en el siglo XIX, escribe que: «Aun siendo tan grandes, gloriosos, puros y estupendos que con sólo verlos (si se nos permitiera) nos lanzarían por el suelo, como le sucedió al profeta Daniel que era un hombre santo y virtuoso, son nuestros compañeros de servitud y trabajo, y velan y defienden hasta al más humilde de entre nosotros».

Mary Baker Eddy, americana y fundadora en el siglo XIX del movimiento científico-religioso de la Christian Science, dice que: «Los ángeles no son seres humanos etéreos que esconden en sus alas cualidades animales muy evolucionadas, sino más bien visitadores celestes que vuelan con plumas espirituales y no materiales. Los ángeles son sólo pensamientos de Dios, alados de verdad y amor, sea cual sea su individualidad. El hombre hace conjeturas y les concede su propia estructura de pensamientos, caracterizada por las supersticiones, y los convierte en criaturas con plumas sugestivas. Pero esto no es más que una fantasía detrás de la cual no existe mayor realidad que la que existe en el pensamiento del artista cuando esculpe la estatua de la Libertad, que encarna su concepto de cualidad invisible... Los ángeles son los representantes de Dios, seres que tienden hacia las alturas y que no nos conducen nunca al egoísmo, al pecado o al materialismo, sino que nos guían hacia el principio divino de cada bien, allí donde se reúne cada individualidad real, a imagen y semejanza de Dios. Sólo es necesario prestar una sincera atención a estas guías espirituales y las encontraremos, nos encontraremos con los ángeles sin ni siquiera saberlo».

El jefe Piel Roja, Alce Negro, nos explica lo que le sucedió: «Estaba mirando las nubes y vi dos hombres que descendían de cabeza, como flechas apuntando hacia abajo; mientras bajaban entonaban un canto sagrado con los truenos haciendo de tambores. Ahora os lo cantaré. Tanto los tambores como el canto decían: "Escucha, una voz sagrada te está llamando; por todo el cielo te llama la voz sagrada"».

Volviendo a nuestro siglo nos encontramos con el gran sabio, literato y filósofo de la India Rabindranath Tagore, que dice: «Yo creo que somos libres, dentro de ciertos límites, y hasta estoy convencido de que existe una mano invisible, un ángel que nos guía, que de alguna manera, como una hélice sumergida, nos empuja hacia delante».

Para el *yogui* de la India Paramahansa Yogananda: «La forma del hombre es superior a la del ángel; de todas las formas esta es la más elevada. El hombre es el ser más excelso de toda la creación porque aspira a la libertad».

Massimo Cacciari, un filósofo de formación marxista, también se ha sentido atraído por la problemática sobre los ángeles hasta el punto de que ha escrito un libro sobre este tema: *El ángel necesario* (Milán, 1986). En una entrevista[2] afirmaba que el ángel era una metáfora de la capacidad que posee la mente humana para salir del círculo cerrado de nuestro horizonte tridimensional y así abrirse a una cuarta dimensión. Cacciari observa que en el interior de las tradiciones monoteístas (hebrea, cristiana e islámica) existen, a propósito de los ángeles, diferencias extremadamente notables, pero también multitud de puntos de contacto: «Más que las diferencias entre una tradición y la otra, es interesante destacar las dos diversas líneas de desarrollo que se han producido en el interior de las tres. Por un lado, una visión del

[2] En la revista *Panorama*, 9-2-1986 (edición italiana).

ángel como criatura perfecta y separada, y por otro, una visión del ángel cada vez más "seducido" por la naturaleza humana, puesto que el ángel, en su compasión hacia el hombre, se sitúa cada vez más cerca de él, se vuelve más débil como él, hasta el punto de llegar a confundirse con él».

A continuación una reflexión de Josep Maria Escrivà de Balaguer[3], fundador del Opus Dei, en olor de santidad: «Pido al Señor que nos conceda, mientras estemos sobre la tierra, no separarnos nunca del transeúnte divino. Por ello tenemos que favorecer también nuestra amistad con los ángeles de la guarda. Todos tenemos necesidad de compañía: compañía del cielo y de la tierra.

»Sed devotos a los ángeles de la guarda. Es muy humana la amistad, pero también es muy divina: como nuestra vida, que es divina y humana. Recordad las palabras del Señor: "Ya no os llamo siervos, sino amigos" (Juan 15, 15).

»Él nos enseña a tener confianza con los amigos de Dios, que ya están en el cielo, y con las criaturas que viven a nuestro lado, incluso las que parece como si estuvieran lejos del Señor, para animarlas a seguir el camino correcto».

Henri Corbin, gran islamista y profundo conocedor de la angelología, afirma que: «Si no existieran los ángeles todos los universos de los dioses y del más allá de nuestro mundo permanecerían en el mundo del silencio. Los ángeles son los mensajeros de luz que anuncian e interpretan los misterios divinos».

Hablando de los ángeles, es necesario hacer una alusión, aunque breve, a sus antagonistas los demonios.

Desde un cierto punto de vista los ángeles y los demonios son la misma cosa, en el sentido de que poseen la misma naturaleza, los mismos orígenes y las mismas prerrogativas; la diferencia reside en el hecho de que los primeros están encaminados hacia el bien y la obediencia en su relación con la voluntad divina, mientras que los segundos han escogido el camino de la rebelión y del mal.

La existencia de ángeles y demonios se encuentra en conexión con el problema más dramático no sólo del hombre, sino también del universo entero: el bien y el mal.

Sobre todo se trata de la existencia de este elemento negativo, antagonista, destructor, representado por el mal y por su razón de ser lo que ha ab-

[3] J. M. Escrivà de Balaguer, *Amigos de Dios*, Rialp, Madrid, 1978.

sorbido y atormentado las reflexiones de pensadores, filósofos, místicos, religiosos y también a la gente común.

La existencia del mal, según una consolidada tradición que se encuentra presente sobre todo en las grandes creencias monoteístas, pero también en otras numerosas religiones, derivaría de la rebelión, consumada en la noche de los tiempos, por parte de una multitud de ángeles que se negaron a obedecer a Dios y al orden cósmico que él mismo había creado.

El príncipe de los ángeles rebeldes es Lucifer, «el portador de la luz», «el hijo de la mañana», que también recibe el nombre de Satanás.

Sobre Lucifer habla, en el Antiguo Testamento, el profeta Isaías (14, 12-15):

«¿Cómo caíste del cielo, lucero brillante, hijo de la aurora, echado por tierra, tú, el dominador de las naciones? Y tú decías en tu corazón: Subiré a los cielos; en lo alto, sobre las estrellas del cielo, elevaré mi trono y me asentaré en el monte de la asamblea, en las profundidades del aquilón. Subiré sobre las cumbres de las nubes, y seré igual al Altísimo. Pues bien, al *seol* has bajado, a las profundidades del abismo».

En la Biblia (tanto en el Antiguo como en el Nuevo Testamento) existen diversos fragmentos sobre la rebelión de Lucifer, pero falta una descripción detallada de los sucesos acaecidos.

Según el libro del Génesis el mal existía ya antes del hombre ya que, la mítica pareja de Adán y Eva, fue seducida por el «tentador» en forma de serpiente.

Lucifer, el primero, el más atractivo, el más resplandeciente de los ángeles creados por Dios, se rebeló contra su Creador porque, empujado por el orgullo y los celos, además de por la soberbia, quiso sustituirlo, es decir, quiso convertirse en Dios.

Hubo otros ángeles que le siguieron en la rebelión y todos, después de una tremenda batalla terrestre, fueron derrotados y luego echados al infierno por los ángeles fieles al Omnipotente.

En el Nuevo Testamento, en su libro del Apocalipsis, encontramos una sintética pero precisa alusión a esta batalla celeste (12, 7-9): «Hubo una batalla en el cielo: Miguel y sus ángeles peleaban con el dragón, y peleó el dragón y sus ángeles, y no pudieron triunfar ni fue hallado su lugar en el cielo. Fue arrojado el dragón grande, la antigua serpiente, llamada Diablo y Satanás, que extravía a toda la redondez de la tierra, y fue precipitado en la tierra, y sus ángeles fueron con él precipitados».

En el mismo Apocalipsis, algunos versos antes (12, 3-4), cuando rebela la profecía sobre el fin del mundo y sobre la lucha conclusiva entre el bien

La visión de Jacob, ***grabado de Gustave Doré***

y el mal, destaca la gran potencia demoníaca cuando afirma: «Apareció en el cielo otra señal, y vi un gran dragón de color de fuego, que tenía siete cabezas y diez cuernos, y sobre las cabezas siete coronas. Con su cola arrastró la tercera parte de los astros del cielo y los arrojó a la tierra».

El islamismo ofrece una versión más poética y sentimental sobre los sucesos de la rebelión. Satanás, que en el Corán recibe el nombre de Iblis, se rebeló contra Dios por un exceso de amor hacia él: cuando Dios, después de crear a los seres humanos ordenó a los ángeles que les sirvieran, Iblis se negó a cumplir las órdenes porque dijo que no se sentía capacitado para amar y servir a nadie que no fuera su Creador. A causa de esta rebelión Dios lo echó del cielo.

En la VII sura del Corán podemos leer: «E incluso os hemos creado, después os hemos formado, luego hemos dicho a los ángeles: "¡Postraos delante de Adán!" Y se postraron todos, excepto Iblis, que no estaba entre ellos. Y dijo Dios: "¿Qué es lo que te ha impedido postrarte, cuando yo te lo había ordenado?" Y él respondió: "¡Yo soy mejor que él: a mí me creaste a partir del fuego, y a él lo has creado a partir del barro!" Y Dios respondió: "¡Fuera de aquí! ¡No se te permite ser soberbio! ¡Fuera! Ahora ya no eres más que un ser despreciable"».

Con respecto a la tradición, esta sura confirma que Iblis no pretendía compararse con Dios, pero que sin embargo manifestaba su propia soberbia en su relación con el hombre y su propio espíritu insubordinado.

Jakob Böhme, místico alemán del siglo XVII, oculta la existencia de ángeles buenos y ángeles malos en dimensiones paralelas y como consecuencia también su presencia en el mundo frente a los hombres. En su *Mysterium Magnum* escribe lo siguiente: «Pero tenemos que entender que los ángeles buenos y los ángeles malos viven los unos cerca de los otros y no por ello deja de existir entre ellos una distancia inmensa. De hecho, el paraíso está en el infierno y el infierno está en el paraíso y, sin embargo, el primero no se manifiesta al segundo y viceversa; el diablo, deseoso de entrar en el paraíso, tendría que recorrer millones de millas para llegar hasta allí y, a pesar de ello, querría quedarse en el infierno».

La persistencia de los ángeles de las tinieblas en el universo, que evidentemente hubieran podido ser aniquilados desde un principio y para siempre, se entiende como una expresión de la voluntad divina de usar el mal como elemento dialéctico y como estímulo para llevar a cabo sus propios proyectos; en definitiva, para obtener el bien.

El sentido de esta aparente paradoja puede aclararse si nos trasladamos a Oriente, donde Lao Tze, el más grande de los filósofos chinos, fundador de la escuela del Tao y autor del *Tao Te King* (el «Libro del Camino y de la Verdad»), nos habla de la *síntesis de los opuestos* que gobierna al universo.

El mensaje de Lao Tze es lacónico, pero los horizontes abiertos del pensamiento son muy extensos.

El Tao, concepto fundamental de sus enseñanzas, constituye un principio absolutamente indefinible, que se encuentra en la base de todos los fenómenos del mundo y que es inmutable; esto, además de ser el principio de todo lo que existe, es también la unidad fundamental en el interior de la cual se resuelven todas las contradicciones y las diferencias de los seres.

Según el filósofo, debemos encaminarnos hacia la experiencia de la unificación de los opuestos, dicotomizados falsamente por la engañosa razón y, por lo tanto, alcanzar de forma gradual la claridad y llegar a la apertura de un equilibrio creativo.

Las categorías que dominan todo el universo representan propiedades antagónicas e inmanentes y son dos, el *yin* y el *yang*.

— El yin simboliza lo femenino, lo tenebroso, lo húmedo y lo negativo.

— El yang simboliza lo masculino, lo luminoso, lo seco y lo positivo.

Continuamente nos encontramos, dentro y fuera de nosotros, la alternancia constante de sombra/luz, movimiento/reposo, día/noche, nacimiento/muerte, alegría/tristeza, verano/invierno, y es este el verdadero rostro de la vida universal que se caracteriza por su inagotabilidad.

Si desde el concepto de unidad descendemos al fenómeno de la realidad presente, descubrimos en ella un conjunto de aspectos contradictorios que, de forma aparente, se superponen de una manera ilógica y áspera.

Pero si somos conscientes desde el principio, no nos agotaremos intentando reconocer en esta pluralidad la huella de una única realidad.

Podemos intentar adaptar este determinismo cíclico y sin fin a una dimensión «histórica» y lineal, que va desde el alfa hasta el omega, desde el principio hasta el final —o mejor dicho, hasta el fin— interpretándolo a través de una óptica cristiana.

Es lo que ha hecho Karl Barth, quizás el más gran teólogo protestante de nuestro siglo. Barth pretende «recuperar» el mal del bien, absorbiéndolo de nuevo a través del amor divino que perdona y se reconcilia con cada cosa.

En términos lógicos, la justicia y la condena de Dios son necesarias precisamente porque son complementarias a su gracia y a su amor. Puesto que él es justicia no puede no condenar al réprobo; pero luego asume, sobre sí mismo, la expiación de esta condena en la persona de Cristo.

No existen, pues, dos categorías de seres, los «salvados» y los «condenados» porque Jesús resume en sí mismo el amor y la justicia de Dios. Mientras el «elegido» da testimonio, a través de lo cotidiano de su propia vida de lo que Dios quiere, el réprobo da testimonio de lo que Dios no quiere. Pero la situación no es estática, ya que Jesús ha rescatado al réprobo e incluso Judas entrará en el reino de los cielos.

Si las cosas están realmente así, junto a nuestros hermanos los ángeles, un día podremos abrazar también a nuestros hermanos los demonios.

Los ángeles y las creencias religiosas

Los ángeles son figuras que por su carácter específico y su integridad se encuentran sólo en las llamadas «religiones de los libros», es decir, en las basadas en un texto sagrado que los fieles aceptan como revelador: la hebraica (con la Biblia, pero limitada a la parte que nosotros llamamos Antiguo Testamento), la cristiana (con la Biblia al completo, es decir, con el Antiguo y el Nuevo Testamento), y la islámica o musulmana (con el Corán). Las «religiones de los libros» son también las llamadas monoteístas, es decir, fundadas sobre la fe en un único Dios, creador y organizador del universo, sea cual sea el nombre que se le atribuya.

El porqué de la necesidad de esta figura es muy simple: las religiones que conciben un ser supremo, distanciado por su absolutismo y su calidad de ser sagrado, son las que sobre todo tienen la necesidad de que existan seres intermedios entre lo trascendente y la humanidad, entre el ser de luz y los seres de la tierra. Los ángeles, como mediadores, identifican el problema fundamental de la relación entre el hombre y la divinidad. En este sentido vemos también cómo la figura de los ángeles cambia a través de los siglos paralelamente a la evolución de la cultura y la civilización.

En cambio, en las religiones politeístas, son los dioses individualmente que a menudo aparecen y obran de modo directo en relación con los hombres. También en las religiones distintas de la monoteísta se encuentran a menudo figuras sobrenaturales intermedias, que ejecutan algunas de las funciones propias de los ángeles: protección, consuelo, inspiración, guía y también custodia de los distintos elementos que constituyen el mundo natural.

A pesar de ser seres parcialmente diversos, acaban presentando muchas afinidades y semejanzas con los ángeles propiamente dichos; podemos decir, pues, que estas entidades son fáciles de encontrar en el patrimonio de todas las culturas. De todos modos, desde Persia y hasta Oriente, la idea de los ángeles tiende a hacerse cada vez más vaga e incierta.

En los inicios de la historia de la humanidad advertimos la presencia de los espíritus benéficos de la naturaleza que presiden diversos elementos; a estos se contraponen los espíritus diabólicos que son una encarnación del mal y cuyas imágenes ya aparecían en las pinturas rupestres de la prehistoria.

Según algunas personas, los ángeles derivan de los *manes*, es decir, de las almas divinizadas de los difuntos; de hecho, en muchas culturas se cree que los espíritus humanos, después de la muerte, se convierten en protectores de los seres vivos, evolucionando gradualmente hacia formas que ocupan escalones cada vez más altos en la jerarquía celestial.

De todos modos, debemos buscar el punto de inicio de una verdadera y propia historia angelical, en las religiones mediorientales, en las que se consigue desarrollar completamente la idea de entidad intermedia entre la dimensión humana y la divina.

A partir de aquí se va deshaciendo la madeja que une las mitologías aria, asirio-babilónica, egipcia, iraní, griega, gnóstica con la cultura hebraica, cristiana y, por último, islámica.

En la ciudad de Ur, fundada a lo largo del valle del Éufrates hacia el año 4000 a. de C., y que llegó a su máximo desarrollo unos 1.500 años después, se encontró una estela que representaba una criatura con alas que derramaba el agua de la vida desde una ánfora al cáliz de un rey desconocido.

El amplio panteón de las divinidades asirio-babilónicas cuenta con, entre otros, el dios Anu (en sumerio significa «cielo»), que tenía a su servicio unos seres muy particulares que se llamaban *sukkali* (concretamente la mujer y una larga comitiva de hijos) que utilizaba para entrar en contacto con los seres humanos. El término *sukkal* significa, de hecho, «mensajero».

La función de protección del hombre se confiaba, en cambio, a divinidades personales que tenían la misión de contrarrestar desde el nacimiento los espíritus malignos, pero que abandonaban al individuo a su propio destino si cometía actos pecaminosos (algo que los ángeles bíblicos no hacen).

También se atribuye a los asirio-babilónicos la definición de dos de las formaciones de ángeles más importantes, la de los querubines y la de los serafines.

Según la tradición rabínica, los nombres de los ángeles nacieron en Babilonia, donde fueron deportados los hebreos después de la destrucción de sus reinos y durante un largo período en el siglo VI a. de C.; estamos seguros de que la angelología hebraica obtuvo de este casual contacto un notable enriquecimiento.

Una de las más antiguas representaciones sobre los ángeles de Mesopotamia, anterior incluso a las estelas de Ur, simboliza gigantescos grifones alados. Y precisamente a estas figuras parecen referirse los pasos, por otro lado bastante pobres desde un punto de vista descriptivo, de las más antiguas tradiciones bíblicas, como las que encontramos en el libro del Éxodo (25, 18-20), en el segundo libro de Samuel (22, 11) y en los Salmos (18, 10).

Las conocidas visiones del profeta Ezequiel (1, 4-25 y 10, 1-22), bastante posteriores a los textos que acabamos de citar, ofrecen una descripción muy diversa de los querubines.

Cada uno de los cuatro seres que vio el profeta tenía cuatro alas (dos recogidas en la parte superior y dos dobladas en la parte inferior) cubiertas completamente de ojos, como las resplandecientes ruedas llenas de topacios que servían de vehículos a los ángeles; por debajo de las alas se les veían las manos, y las piernas que eran como las de un ternero; algunos tenían cuatro caras, de hombre, león, águila y toro, que miraban en cuatro direcciones distintas.

Algunos estudiosos han afirmado recientemente que el texto de Ezequiel fue sometido a distintas interpolaciones en épocas anteriores, y que la versión correcta hablaba seguramente no de cuatro caras, sino de cuatro atributos comunes a un mismo ser: cabeza de hombre, cuerpo de león, patas de toro y alas de águila. Esto se correspondería con las representaciones de los *karibu*, los querubines asirios.

Es muy probable que la descripción hecha por Ezequiel haya estado fuertemente influida por los egipcios, con cuya cultura el pueblo hebreo estuvo en contacto durante mucho tiempo.

En esta misma zona nos encontramos, de hecho, una divinidad, *Bes*, probablemente de origen sudanés o somalí, caracterizada por el hecho de poseer un cuerpo humano dotado de dos pares de alas, una cabeza rodeada de muchas cabezas pequeñas de animales (leones, toros, cocodrilos) y completamente recubierto de ojos. Estos ojos tienen un evidente significado simbólico y representan la posibilidad divina de verlo todo, pero no sólo son instrumentos de la visión, sino que también poseen un significado de rayos resplandecientes que iluminan las tinieblas y seguramente, aunque de forma implícita, tienen la función de expulsar a los monstruos que encuentran refugio; en definitiva, tienen la misión de hacer desaparecer el mal.

El profeta Isaías nos habla sobre los serafines (capítulo 6), nos dice que su nombre deriva del término *saraph*, que significa «quemar, arder», y por esta razón se les considera seres de fuego.

En su visión Isaías les observó moverse alrededor del trono de Dios: «Había ante Él serafines, y cada uno tenía seis alas: con dos se cubrían el rostro y con dos se cubrían los pies, y con las otras dos volaban, y los unos y los otros se gritaban y se respondían: "¡Santo, Santo, Santo, Yavé de los ejércitos! Está la tierra llena de su gloria"».

Además de las visiones de Isaías y de Ezequiel, existen numerosas narraciones en el Antiguo Testamento en las que los ángeles son los principales protagonistas, pero faltan descripciones sistemáticas sobre su naturaleza y sobre su relación con Dios y con los hombres.

En el Génesis se habla sobre ellos (capítulo 3, 23-24) cuando Dios echó a Adán y a Eva a causa de su transgresión y los puso bajo la protección del paraíso terrestre de los querubines.

A la esclava Agar se le apareció un ángel (capítulo 16) que le anunció el nacimiento de su hijo Ismael y que le dijo que su descendencia se multiplicaría de tal manera que no sería posible contarla; a los Ismaelitas se los considera, de hecho, progenitores de las tribus árabes (véase también el capítulo 21).

A Abraham se le aparecieron tres ángeles, con el aspecto de hombres, que comieron en su mesa y le anunciaron el nacimiento de su hijo Isaac (capítulo 18). También fue un ángel el que frenó la mano de Abraham cuando este estaba a punto de sacrificar a su hijo (capítulo 22).

En el capítulo 19, dos ángeles que habían ido a Sodoma un poco antes de la destrucción de la ciudad, resultaron tan atractivos a los ojos de los habitantes de la ciudad que despertaron un deseo homosexual que empezó a acecharlos.

Jacob, hijo de Isaac: «Tuvo un sueño en el que veía una escala que, apoyándose sobre la tierra, tocaba con su extremo en los cielos, y por la cual subían y bajaban los ángeles de Dios» (capítulo 28, 12).

A Moisés se le apareció un ángel en el desierto como una llama en medio de una zarza (Éxodo 3, 2).

En el capítulo 13 del Libro de los Juicios, un ángel anunció el nacimiento de Sansón.

Al profeta Elías le acompañó un ángel mientras se encontraba solo en el desierto (I Reyes, 19).

El Libro de Daniel presenta dos historias muy largas y particularmente dramáticas en las que los ángeles desarrollan un papel activo y de gran importancia. El primero tiene que ver con tres jóvenes que el rey Nabucodonosor de Babilonia condenó a los hornos ardientes porque se habían negado a adorar una estatua; un ángel consiguió sacarlos sanos y salvos (capítulo 3).

En la segunda, el protagonista es el mismo Daniel que, enviado al foso de los leones, se salvó gracias a la intervención de un ángel (capítulo 6).

También las religiones de la antigua Persia, el zoroastrismo (al que más tarde superó el Islam) cuenta con figuras que presentan muchas afinidades con los ángeles.

El dios supremo *Ahura-Mazda* (el «Sabio Señor») generó seis entidades (*Amesha Spenta*, los «Benéficos Inmortales»), que siempre están cerca de él, que participaron en la creación del mundo y que a menudo intervienen en sus acontecimientos.

El zoroastrismo, en particular, cree en la existencia de un ser con funciones análogas a las del ángel de la guarda, la *Fravashi*, que se configura como una especie de «doble» trascendente del individuo y que lleva a cabo funciones protectoras. La existencia de las Fravashi de todos los seres humanos es anterior al nacimiento de los individuos, y en la eternidad se encuentran delante del Ahura-Mazda que las utiliza para gobernar el universo. Por ello constituyen una asamblea permanente de todos los que deben nacer, de los que han nacido y de los que han muerto.

El tardío judaísmo, que se desarrolló desde el siglo II a. de C. hasta el V d. de C., dio pie a la creación de una literatura rabínica muy rica que estaba constituida por los llamados Apócrifos veterotestamentarios; es decir, textos que, aunque trataban temas análogos a los que se encontraban en los libros «oficiales» de la Biblia, no fueron aceptados como sagrados. Reflexionaron también sobre muchos temas que más tarde fueron retomados en el Talmud y en el Midrash.

Los Apócrifos dedican una gran parte a la angelología (en particular el libro de Enoch), enriqueciéndola con elementos coreográficos y con descripciones minuciosas que casi están ausentes en los libros canónicos; se habla, por ejemplo, del ángel de la escarcha, del granizo y de la nieve. Esta redundancia agradó mucho sobre todo a las clases populares, entre las que se difundió un culto hacia los ángeles con fuertes tendencias a la superstición y a la idolatría. Este hecho suscitó una alarmante reacción por parte de los rabinos que condenaron tales degeneraciones, tal como hizo la Iglesia cristiana aproximadamente durante el mismo período.

Desde el mundo griego nos llega una contribución a la angelología: Homero, a través de sus poemas, da forma a las figuras de Hermes y de Iride, que se consideran mensajeros de los dioses siendo esta la única función que los emparenta, de alguna manera, con los ángeles de origen bíblico.

Bastante más cercanos a ellos están los *daimones* (divididos entre buenos y malos): se trata de almas divinizadas de nuestros antepasados, que ejercen de mediadores entre los dioses y los hombres, y que protegen a estos últimos y además tienen la función de directores de los elementos de la naturaleza.

Sobre estos seres intermediarios no sólo se habla en la religión y en la mitología, sino también en la filosofía. Sócrates y Platón se refieren a ellos más de una vez.

Volviendo a la Biblia, también en el Nuevo Testamento los ángeles desarrollan funciones de gran importancia, puesto que son ángeles los que anuncian a Isabel el nacimiento de su próximo hijo Juan Bautista, a María el nacimiento de Jesús (Lucas 1) y son también ellos los que tranquilizan a José asegurándole que el hijo que están esperando ha sido concebido por el Espíritu Santo (Mateo 1). También es un ángel el que anuncia a los atemorizados pastores de Belén el nacimiento del Redentor; a él se añadió toda una comitiva: «Al instante se juntó con el ángel una multitud del ejército celestial, que alababa a Dios diciendo: "Gloria a Dios en las alturas y paz en la tierra a los hombres de buena voluntad"» (Lucas 2, 13-14).

Cuando Herodes estaba a punto de desencadenar la matanza de los inocentes, un ángel aconsejó a José que huyera con su familia a Egipto, y más tarde, pasado el peligro, lo hizo volver (Mateo 2).

Jesús creció y se convirtió en un adulto y, antes de emprender su predicación, se retiró durante cuarenta días en el desierto y allí fue donde el diablo lo tentó en vano: «Entonces el diablo le dejó, y llegaron ángeles y le servían» (Mateo 4, 11).

En las parábolas de Jesús nos encontramos muy a menudo con pasajes en los que aparecen los ángeles, por ejemplo, cuando anuncian su gloriosa resurrección (Mateo 28, Marcos 16, Lucas y Juan 20). También en los Hechos de los Apóstoles se registran muchas intervenciones de los ángeles; y en el Apocalipsis Juan recibe, a través de un ángel, las imágenes con las visiones y los símbolos referidos a los sucesos del futuro.

Los ángeles aparecen también, pero de forma muy original, en el interior de la cultura gnóstica que, desde Oriente hasta los inicios de nuestra era, se desarrolla en toda la cuenca mediterránea y confluye en el cristianismo de los primeros siglos como herejía que los padres de la Iglesia combatieron duramente.

La *gnosis* (del griego «conocimiento») se manifiesta como tendencia religiosa de tipo sincrético, que recoge diversos elementos procedentes de las distintas religiones misteriosas, de las corrientes mágico-astrológicas, del hermetismo, del judaísmo alejandrino y de las filosofías helenísticas, especialmente de la neoplatónica.

Para el gnosticismo, que ensalza el dualismo entre espíritu y materia, la salvación —inducida a partir del sacrificio simbólico de Jesús— se explica a través del conocimiento de iniciación, que conduce a la liberación del alma de la prisión que para ella supone el cuerpo. Según la gnosis, los ángeles son seres malvados que han creado el mundo material y lo gobiernan luchando entre ellos, cada uno dedicado a afirmar su propia supremacía. Con la victoria final del Espíritu, ellos serán destruidos junto a su creación.

Dionisio el Areopagita es un misterioso autor que dice ser contemporáneo de san Pablo, pero que la crítica moderna sitúa alrededor del siglo VI y lo bautiza con el nombre de «Pseudo-Dionisio».

De todas formas, sea quien sea, fue él quien, con una meticulosidad típica de la Edad Media y apoyándose en una evidente raíz neoplatónica, ordenó el infinito e indefinido mundo de los ángeles, clasificándolos según una jerarquía muy precisa; desde entonces, y salvo pocas variaciones, esta clasificación constituye un buen punto de referencia para la angelología y ha obtenido, casi por unanimidad, el reconocimiento de toda la cristiandad.

Dionisio es el autor de un consistente *Corpus Dionysiacum*, en el que destaca, en lo que se refiere al tema que nos ocupa, una compleja obra llamada *Las jerarquías celestes* (Roma, 1994).

La clasificación que propone Dionisio se basa en nueve órdenes angélicos, separados en tres grupos: el primero está extraído del Antiguo Testamento y los otros de las escasas indicaciones que contienen las Epístolas de san Pablo.

El orden, del superior al inferior, es el siguiente:

1. Serafines, querubines, tronos.
2. Dominaciones, virtudes, potestades.
3. Principados, arcángeles, ángeles.

En la tabla de la página 38 se exponen de forma sintética las características de cada uno de los órdenes.

Alrededor del siglo II de nuestra era, se encontraba muy arraigada en la Iglesia cristiana la convicción de que cada individuo estaba asistido por un ángel de la guarda, aunque no existe ningún dogma sobre ello ni sobre las jerarquías angélicas que acabamos de nombrar.

El interés por los ángeles llegó a su culminación en la Edad Media siendo tema de grandes discusiones como la que, en el siglo XIII, enfrentó al filósofo y teólogo escocés Duns Scoto contra santo Tomás de Aquino, padre de la escolástica y autor de una monumental *Summa Theologica*, que todavía hoy constituye un punto de referencia básico para la Iglesia católica. La contienda que enfrentó a los dos pensadores trataba sobre la naturaleza de los ángeles. Para el escocés se trataba de seres incorpóreos, formados por «materia espiritual», pero siempre de una cierta consistencia; para santo Tomás se trataba, en cambio, de «puro intelecto», aunque temporalmente fueran capaces de asumir apariencias físicas cuando tenían que ponerse en contacto con los hombres. Para sostener esta teoría se utilizaba el fragmento del Antiguo Testamento donde se narra cómo tres ángeles, con apariencia humana, fueron al encuentro de Abraham e incluso compartieron su mesa con él. Contrariamente a las creencias de los defensores de la tesis opuesta, santo Tomás afirmaba que los ángeles estaban dotados de libre albedrío, y lo confirmaba diciendo que algunos ángeles, encabezados por Lucifer, escogieron el mal rebelándose a Dios y transformándose, de este modo, en demonios.

El islamismo, como ya hemos dicho, se plantea la existencia de los ángeles y en el Corán los cita más de ochenta veces. Afirma, por ejemplo: «Todos aquellos que no creen en Dios, en sus ángeles, en sus libros y en sus profetas, se perderán en el último día pero de forma muy lejana» (4, 136).

El ángel (*malak*, «mensajero») es una criatura de luz dotada de alas; es pura y perfecta. Pero, a pesar de esto, se sitúa en el último lugar del orden jerárquico que parte de Dios y que continúa con los arcángeles profetas, los seres humanos y los ángeles. Los ángeles, o *malaika*, protegen a la humanidad y apuntan todas las acciones de los hombres; para los místicos *sufi*, en cambio, son los seres humanos quienes registran sus propias acciones que son las que se analizarán en el día del Juicio Final.

«Sobre aquellos que dicen "Nuestro Señor es Dios" y se conforman descienden los ángeles, y dicen: "No tengáis miedo y no estéis afligidos, sino que recibid la buena nueva del paraíso que se os había prometido. Nosotros somos amigos para vosotros, en esta y en la vida futura; y allí habrá para vosotros lo que desean vuestras almas, y allí, para vosotros, lo que pidáis"» (41, 30-31).

Los musulmanes consideran que Jesús, *Isa*, es un ser de naturaleza semiangélica y que, junto a los ángeles, se encuentra sentado cerca de Alá.

En lo que concierne a los arcángeles, el más citado es Gabriel, *Jibril*, que habló a María de Nazaret y a Mahoma, al cual inspiró en sueños sobre el texto del Corán. Otro de los arcángeles importantes es Miguel, *Mikail*, que detiene el dominio de las fuerzas de la naturaleza.

Las tareas específicas de los ángeles, antes incluso de la de proteger a los seres humanos, son la adoración de Dios y el cumplimiento de sus de-

Serafines: pertenecen al grupo más importante; se mueven incesantemente alrededor del trono de Dios cantando sus alabanzas; viven sumergidos en la energía divina de la que son conservadores estáticos.

Querubines: forman el elemento dinámico; transforman en términos creativos la energía divina que distribuyen y organizan siguiendo leyes universales basándose en los proyectos que emanan del mismo Dios.

Tronos: portadores de la justicia de Dios; supervisan la colocación correcta, desde un punto de vista espacial y temporal, del elemento creado.

Dominaciones: regulan las relaciones del elemento creado con todos los otros según un principio de armonía general y obedeciendo a las leyes universales.

Virtudes: Definen el arquetipo del elemento creado, en términos de cualidades específicas; son los que conceden las gracias.

Potestades: atribuyen «personalidad» al elemento creado y le conceden la energía específica, el aura, los propios cuerpos sutiles y lo defienden de la actividad subversiva de las fuerzas malignas; según san Pablo existen potestades negativas y diabólicas contra las cuales se lucha.

Principados: son los protectores de las manifestaciones religiosas y de culto que establecen, y conservan los lazos de unión entre las criaturas y el Creador.

Arcángeles: son los guardianes de los arquetipos del elemento creado específico; son los supervisores directos de la actividad de los ángeles.

Ángeles: son los más numerosos; a cada uno de ellos se le destina la custodia de una entidad, sea ser humano o perteneciente al reino vegetal o animal e incluso objetos construidos por el hombre. La Iglesia católica ha establecido en su liturgia la celebración de la fiesta de los ángeles de la guarda el 2 de octubre.

La anunciación, *grabado de Gustave Doré*

signios. Según el Corán, Dios mandó a sus ángeles a luchar en algunas de las batallas en las que luchó Mahoma: «Él respondió: "De verdad que os ayudaré con mil ángeles propagados sin intervalos". Esto era, en el dibujo de Dios, sólo una buena nueva para que vuestros corazones se tranquilizasen... Y cuando tu Señor inspiró a los ángeles: "Sí, yo estoy con vosotros: dad fortaleza a los que creen. En cuanto a los no creyentes, lanzaré el miedo en sus corazones. Golpeadlos pues por debajo del cuello y en todas las junturas"» (8, 9-12).

Si continuamos hacia Oriente y entramos en el área cultural del hinduismo (en la India sobre todo, pero también en muchas naciones limítrofes del sudoeste de Asia), como por ejemplo en la del budismo (Asia meridional y oriental), nos encontramos con mitologías extremadamente complejas en las que abundan las divinidades: genios, ninfas, elfos, ángeles y demonios.

Esta muchedumbre de apariencia anárquica, de seres intermedios, energías e «hipotencias», forma, en realidad, una jerarquía de fuerzas continuamente activas que, de forma directa o indirecta, están en contacto con los hombres.

Destaca, en particular, el *bodhisattva* budista, aquel que ha recorrido todos los niveles de la perfección durante sus infinitas existencias y que por esa razón está destinado a convertirse en un futuro Buda, que renuncia a alcanzar la iluminación personal para ayudar a los hombres a encontrar junto a él el camino de la perfección *(paramita)*; puede comparársele a un ángel puesto que asume un papel de guía, lleva a cabo curaciones, distribuye premios o castigos y acompaña a las almas en su pasaje de la vida a la muerte.

El taoísmo chino considera la existencia de los demonios y de los ángeles. Sobre los ángeles dice que están formados por *hoven* o almas divinas, que se presentan al hombre bajo forma de sueños y se encargan de explicar en el cielo sus acciones.

La creencia en el chamán no se considera exactamente una religión sino, más bien, una práctica de culto unida a una cierta concepción de la realidad. Típico de las poblaciones siberianas, se encuentra también, con aspectos análogos, en muchas otras culturas del resto de Asia, África, Oceanía y América. En su centro encontramos el chamán (hombre-medicina) que, utilizando técnicas arcaicas particulares, consigue situarse en una condición estática y emprender viajes cósmicos fuera del cuerpo, durante los cuales entra en contacto con la dimensión extrahumana poblada de antepasados, espíritus de la naturaleza y también espíritus-guía.

Se trata de una cultura muy antigua, que actualmente ha vuelto a cobrar importancia de la mano del célebre etnólogo americano Carlos Castaneda.

Los ángeles, de la vida a la vida

NDE (Near Death Experience) es una sigla inglesa que se está haciendo cada vez más popular y que podemos traducir libremente como «experiencia de premuerte».

Es necesario hablar de ello, aunque sea brevemente, porque desempeña un papel importante en lo que se refiere a los ángeles.

Todo empezó en 1975 con la publicación, por parte de un editor de provincia, de unos pocos ejemplares de un librillo titulado *La vida más allá de la vida*.

Más allá de cualquier previsión, el libro alcanzó un estrepitoso éxito, se vendieron casi diez millones de copias y se tradujo en quince lenguas; el autor, Raymond A. Moody, en aquella época estudiante universitario de filosofía, se convirtió más tarde en médico y psiquiatra. Se interesó, gracias a un encuentro casual y fortuito, por lo que les sucedía a las personas que alcanzaban el umbral de la muerte; más adelante centró su atención sobre todo en aquellas personas que «volvían», es decir, que continuaban viviendo, porque eran las únicas que eran capaces de explicar sus propias experiencias.

Moody presenta y analiza en su libro una selección de casos que él mismo escogió entre los que había recogido.

Esta obra, de apariencia muy humilde, ha convertido a Moody en un gran innovador, en un investigador que ha sabido imprimir una perspectiva original al saber humano, puesto que el progreso científico nace, más que de una meticulosa búsqueda a través de los cánones conocidos, gracias a una brillante y revolucionaria intuición.

Anteriormente ya se tenían conocimientos sobre narraciones de este tipo y hasta en la literatura de la Edad Media se encuentran historias similares.

La genialidad de Moody consiste en el hecho de que afronta este tipo de investigación de forma sistemática y le da un nombre; esto representa un paradigma también para los numerosos y competentes estudiosos que se han centrado en este trabajo después de él.

Casi diez años más tarde Moody publica otro libro, *La luz más allá de la vida* (Milán, 1989) que, además de presentar toda una serie de nuevos casos extremadamente significativos, mejora y puntualiza los métodos y las características de esta investigación[4].

A través de su trabajo, y también a través del de sus competentes colegas, se deduce que la premuerte está bastante más difundida de lo que pueda pensarse. Después de analizar todos los casos acumulados, Moody ha llegado a la conclusión de que las experiencias son muy distintas entre sí, pero que es posible localizar nueve características que se repiten constantemente en todos los casos, aunque sólo una parte de los sujetos las experimenta todas.

De todos modos, la presencia de uno o más de estos elementos es suficiente para afirmar que nos encontramos ante una «experiencia de premuerte».

Veamos ahora las características de estos elementos.

1. Sensación de muerte

El sujeto sobrevuela por encima de su propio cuerpo y lo observa en el centro de la escena, en la que también hay otras personas (parientes, médicos o enfermeras); está muy desorientado e intenta atraer su atención aunque no lo consigue. Normalmente es el médico quien, con ayuda de pruebas y aparatos, confirma el fallecimiento.

En esta fase el sujeto tiene libertad de movimientos, es capaz de atravesar muros, trasladarse a otras habitaciones y observar todo lo que sucede. Lo más sorprendente de todo es que, cuando «vuelve», es capaz de describir minuciosamente acciones y diálogos que, un ser inanimado, no podría percibir en ningún caso, sobre todo si tienen lugar en otras estancias.

La desorientación inicial precede a la conciencia del nuevo estado, junto a un fuerte reconocimiento de la propia identidad, del propio «yo» más profundo y más allá del papel interpretado anteriormente (padre, hija, etc.). El sujeto se encuentra luego en un estado de beatitud que le lleva a comprender la realidad.

[4] Véase también el libro de Lucia Pavesi, *Más allá de la vida*, Editorial De Vecchi, Barcelona, 1995.

2. Ausencia de dolor

Aunque las condiciones precedentes hubieran sido particularmente dolorosas (por el proceso patológico o por traumatismos procedentes de eventuales accidentes), en este estado desaparecen todos los sufrimientos, tanto física como psíquicamente, que dejan paso a una gran sensación de paz.

3. Abandono del cuerpo

El sujeto, que sobrevuela por encima de su propio cuerpo físico, ahora ya inerte, tiene la sensación de continuar siendo una entidad precisa, dotada de un cuerpo espiritual. Aunque el cuerpo físico hubiera sufrido mermas o amputaciones, el cuerpo espiritual se presenta íntegro y con formas armoniosas. Algunas personas lo describen como una condensación de energía y otros como una nube de colores.

4. Travesía del túnel

Mientras los sujetos se encuentran inmersos en las tinieblas, se abre frente a ellos un gran túnel ascendente en diagonal.

El cuerpo espiritual es absorbido hacia su interior y empujado hacia arriba, a veces lentamente y a veces a velocidades increíbles. En el fondo del túnel se entrevé una obertura luminosa, primero diminuta y que, poco a poco, se hace más grande. Es el punto de llegada, el «final del trayecto».

En otras experiencias, en lugar del túnel, se habla de una gran escalera que es necesario subir; también hay quien afirma haber encontrado grandes y suntuosas puertas ante él.

Pero en todos los casos, sea cual sea la forma, todo el mundo afirma haber percibido una precisa sensación de límite marcado, como un claro pasaje a «otro mundo».

5. Entidades luminosas

Pasado el túnel, el sujeto se encuentra inmerso en un océano de luz, más fuerte y resplandeciente que cualquiera de los que puedan verse en la tierra; pero se trata de una luz que no ofende, que no deslumbra sino que, al contrario, acoge como en un abrazo de amor universal, vivo y estimulante.

En este marco se manifiestan normalmente figuras luminosas, pero muy nítidas respecto a la luz general.

Se trata de figuras sonrientes y acogedoras que tienen como función recibir, tranquilizar y ayudar al recién llegado. A menudo se trata de difuntos parientes o amigos, pero también pueden ser identidades indefinidas a los que muchos dan el nombre de ángeles. Pueden aparecen incluso antes, en el principio del túnel y acompañar al sujeto durante todo el recorrido hasta la llegada a la luz.

Sobre este tema es verdaderamente impresionante el cuadro *Subida al Empireo* del pintor holandés Hieronymus Bosch, llamado El Bosco (1450-1516), que está expuesto en el Palacio del Duque de Venecia; el cuadro ilustra, en efecto, la ascensión al cielo de las almas que, sostenidas y guiadas por los ángeles, se preparan para recorrer el largo y oscuro túnel, en cuyo final brilla una luz.

6. El ser de luz

Después de esto el sujeto se encuentra con lo que normalmente recibe el nombre de «ser de luz», que emana un sentimiento de amor y de comprensión infinito y que nadie querría abandonar nunca jamás. Según la fe, se identifica con Dios, Cristo, Alá o Buda; quien no posee una creencia religiosa específica habla generalmente de una entidad sagrada. Es este ser de luz el que normalmente da la orden para que el sujeto vuelva a la tierra y entre de nuevo en su cuerpo material.

7. El examen de la propia vida

Antes de dar la orden para el retorno, el ser de luz guía al individuo a través de su propia vida haciendo examen. Esto sucede viendo de nuevo, en pocos momentos y como en una película tridimensional, la propia existencia hasta los más ínfimos detalles.

Lo más importante de esta visión es que se perciben sobre todo los efectos que provocan sobre los demás las propias acciones: si la acción ha sido negativa se siente un sentimiento de dolor y de tristeza, y si ha sido positiva se experimenta un sentimiento de gozo y de participación en el amor universal.

Se trata de una experiencia fundamental, puesto que el sujeto que vuelve a su propio cuerpo está convencido de que lo más importante de todo es el amor.

8. *Subida directa hasta el cielo*

En los testimonios recogidos el viaje a través del túnel constituye la modalidad más común, pero hay sujetos que, en cambio, se sienten empujados directamente hasta el cielo. Entre ellos encontramos el caso ilustre de C. G. Jung que en el año 1944, y tras sufrir un infarto, tuvo una experiencia de premuerte durante la que se sintió empujado muy rápidamente hacia arriba, por encima de la tierra.

9. *Resistencia a volver*

Nadie de los que han vivido esta experiencia de beatitud, aunque haya sido por poco tiempo, quiere volver a la tierra; en los casos recogidos es el ser de luz o un ángel los que imponen el camino de retorno; cuando se ofrece la posibilidad de escoger, el retorno se estimula a través del recuerdo de los familiares más queridos.

Hemos visto, pues, cuáles son las características constantes de las experiencias de premuerte y a través de ellas —lo que más nos interesa en realidad— la presencia y la función de los ángeles en tales experiencias.

Consideremos ahora algunas de las narraciones de estas experiencias que nos dan una visión concreta y emocionante de los hechos. Pero primero vale la pena gastar todavía algunas palabras para intentar, en la medida de lo posible, confirmar más o menos científicamente la veracidad de los casos recogidos; y esto es importante porque, de esta manera, puede o no confirmarse la realidad no sólo de las experiencias de premuerte sino también, como consecuencia, de los ángeles que a menudo desarrollan un papel de gran importancia.

Está claro que la publicación de los libros de Moody y de los que se han ocupado del mismo tema ha suscitado —no podía ser de otra forma— la más fuerte oposición jamás vista por parte de la ciencia oficial. Sin embargo, como afirma Moody: «Ha sido una suerte encontrarnos rodeados de tantos escépticos, puesto que esto nos ha empujado a estudiar el fenómeno de forma más exhaustiva a como seguramente lo habríamos hecho en otras circunstancias».

La posición académica se basa en el principio de que para juzgar un fenómeno como «científico» debe poderse reproducir artificialmente en un laboratorio.

Se trata de un criterio válido para la mayoría de los casos; para este, es

Chispas de alegría, ***grabado de William Blake***

evidente que no puede ser así. También queda claro que, al menos hasta el momento, sólo podemos conocer el fenómeno a través de las «explicaciones verbales» de los propios protagonistas. Por otra parte, también es cierto que la ciencia empírica no puede pretender reivindicar para sí misma el monopolio de los sistemas de conocimiento humano, y esto es más válido desde que la física cuántica ha impuesto un cambio sustancial de los paradigmas.

Es evidente para todo el mundo que existen realidades y conocimientos que no pueden encuadrarse dentro de los esquemas, correctamente rigurosos, pero angostos y formales, de la ciencia oficial.

Shakespeare pone en boca de Hamlet las siguientes palabras: «Hay más cosas entre la tierra y el cielo, Horacio, de las que nunca podrá imaginarse tu filosofía».

La seriedad de las investigaciones sobre experiencias de premuerte se basa sobre todo en la credibilidad de los investigadores, todos ellos científicos; no sólo podemos citar a Moody, sino que existe una multitud de profesores universitarios, clínicos ilustres, especialistas en cardiología y pediatría, sociólogos y psiquiatras.

En cuanto a los casos mencionados, se ha comprobado que no existían condicionamientos culturales, en el sentido de que nadie estaba al corriente de este tipo de experiencias; además, muchos llevaban una existencia concreta, material y «mundana», sin ninguna predisposición hacia el misticismo; había incluso hasta algún ateo.

Se ha comprobado que la educación religiosa no altera la experiencia en sí, sino sólo la interpretación que se hace de ella. Además, estas experiencias suceden con igual frecuencia a los sujetos creyentes que a los que no lo son; como mucho, después de las vivencias, los creyentes pertenecientes a alguna Iglesia tienden a modificar sus concepciones alejándose de dogmas y denominaciones para identificar sus creencias sólo con la capacidad de amar.

Las investigaciones se han extendido también a los niños, que son particularmente interesantes porque han estado expuestos a condicionamientos culturales durante bastante menos tiempo que los adultos, puesto que han tenido muy poco tiempo para hacerse una idea sobre la vida, la muerte y el más allá.

Moody examina una serie de interpretaciones y críticas opuestas a la ciencia académica e intenta dar respuestas; las nombramos sólo de paso para completar el cuadro.

No se trata de enfermedades mentales como la psicosis de la esquizofrenia; esta se basa, en realidad, en experiencias incoherentes que a menudo se arrastran durante toda la vida, en las que se oyen voces y se tienen pensamientos caóticos y fragmentados que convierten al esquizofrénico en un individuo aislado, incapaz de comunicarse y predispuesto a la autodestrucción.

La experiencia de premuerte es, en cambio, un episodio coherente, que se desarrolla de forma muy precisa, muy limitado en el tiempo (a veces son pocos segundos) y sobre todo produce efectos ampliamente positivos para el sucesivo desarrollo de la vida; se caracteriza por las ganas de vivir, la confianza, el optimismo, la superación de los miedos (en particular el de la muerte), un aumento de los intereses culturales y búsqueda del saber, un comportamiento de mayor comprensión y amor en relación con los demás y de compromiso en lo que respecta a la vida cotidiana; las personas salen de estas experiencias totalmente transformadas para mejor, con una vida más rica y densa de significado y con nuevos valores interpersonales.

No se trata de alucinaciones y delirios puesto que estos implican la separación de la realidad que le rodea, ni provocan ideas fragmentadas y desconectadas perseguidas por pesadillas ni dejan recuerdos indistintos, sino que, al contrario, quien ha vivido una experiencia de premuerte es perfectamente consciente de lo que le ha sucedido y es capaz de explicarlo con todo detalle.

La expulsión del Paraíso, *xilografía de Alberto Durero*

Se tiene que excluir, según Moody, la hipótesis de un mecanismo biológico de tipo defensivo que intervendría en el punto de la muerte: en realidad el organismo no obtendría ningún beneficio; tampoco es posible la posibilidad de que se trate de una reminiscencia póstuma del momento del nacimiento, puesto que la cara del niño presiona contra las paredes del útero y, antes de salir, no ve ninguna luz en el fondo del túnel; además, su mente no está suficientemente desarrollada para entender. Debe añadirse que el paso de la oscuridad hacia la luz no provocaría cambios tan positivos desde el punto de vista espiritual y, la visión de la «película» sobre la propia vida sería inexplicable.

Tampoco puede aceptarse la hipótesis de una reacción del cerebro a la disminución de oxígeno y al correspondiente aumento de dióxido de carbono en la sangre que provocaría la sensación de descenso por un túnel y el encuentro con luces resplandecientes. En este caso, el encuentro con seres que comunican mensajes coherentes y el examen de la propia vida también está ausente. Conviene tener presente que, en algunos casos de premuerte, se ha descubierto una presencia de oxígeno superior a la media que los médicos consideran como normal.

Tampoco la producción de opiáceo cerebral o de endorfina, elaboradas por el cerebro como autodefensa cuando se presenta un estrés físico, provoca visiones; ni siquiera los atletas en pleno esfuerzo que se benefician de estas reacciones químicas han tenido nunca experiencias análogas a las de premuerte. Podemos creer, pues, de forma racional, en la autenticidad de estas experiencias y, respecto a nuestro discurso, también podemos creernos que los seres de luz y de energía llamados ángeles no son meras fantasías sino que existen de verdad.

Veamos ahora algunas significativas historias tal como las han recogido los investigadores (los textos han sido modificados por cuestiones de espacio).

Arvin Gibson ha recogido y clasificado centenares de casos; el que presentamos ahora[5] relata la historia de Kim, una adolescente de quince años internada en un hospital para someterse a una operación muy sencilla en la pierna. Se produjeron complicaciones imprevistas y Kim fue declarada clínicamente muerta. Esto es lo que ella misma explicó después de volver a la vida.

[5] A. Gibson, *Glimpses of eternity*, Horizon Publishers, Bountiful, Utah, 1991.

No sabría cómo explicarlo. A mi alrededor todo era oscuridad, como si me encontrara en un túnel. En un cierto momento descubrí una brillante luz que me proporcionaba tranquilidad. La curiosidad me hizo dirigirme hacia ella y entonces oí una voz que me llamaba por mi nombre; mirando a mi alrededor vi a una señora vestida de blanco, con el pelo de color claro y muy largo que le caía por la espalda. Era muy guapa, irradiaba una luz que provenía de sí misma. Después de haberme llamado por mi nombre me dijo: «Todavía no ha llegado tu hora». Yo no la entendía y me repitió la frase diciéndome que tenía que volver. Me acordé del dolor que me había atormentado con anterioridad la pierna y le contesté que no quería, que tenía la intención de dirigirme hacia la luz. Experimentaba una sensación de bienestar y felicidad muy agradables. Me repitió la invitación y me dijo que todo iría bien. Finalmente acepté y me desperté, muy confusa, en mi cama.

Toda la experiencia había tenido lugar en pocos momentos, durante los cuales su corazón se había detenido temporalmente; el dolor en la pierna, que anteriormente la había tormentado, había desaparecido.

Pierre Jovanovic, en su libro *Investigación sobre la existencia de los Ángeles de la guarda*[6], explica el siguiente caso que le proporcionó un personaje especial, Kenneth Ring, profesor de psicología en la Universidad de Conecticut que, a su vez, en *Life at death*, ha recogido más de un centenar de experiencias.

En el año 1979 Robert H. fue internado en el hospital para someterse a una operación a causa de un accidente de circulación. Respecto a los otros relatos el suyo es excepcional por los innumerables detalles y situaciones que describe, además de por el gran papel que representa el ángel de la guarda.

Me encontraba en el túnel viajando, a una velocidad increíble, hacia una luz que en aquel momento todavía no tenía una gran importancia. Me di cuenta de que viajaba a una velocidad superior a la que nunca había experimentado y que aumentaba cada vez más. Las paredes del túnel se distinguían con mucha dificultad pero, cuando las observé con

[6] P. Jovanovic, *Inchiesta sull'esistenza degli Angeli custodi*, Ediciones Piemme, Casale Monferrato, 1995.

más atención, me di cuenta de que el túnel por el que volaba estaba compuesto por planetas, por masas sólidas que se me ofuscaban a causa de la velocidad y la distancia. Además se oía un sonido increíble, como si todas las orquestas del mundo estuvieran tocando al mismo tiempo; no existía una melodía, era más bien un sonido muy fuerte, muy potente, pero que, en cierta medida, tranquilizaba; era rápido, mutable, como algo que no consigo recordar ahora pero que me es familiar; seguramente estará escondido en algún rincón de mi memoria. De pronto me entró miedo. No tenía ni idea de dónde me encontraba, me transportaban a una velocidad increíble y durante mi vida nunca me había preparado para una aventura similar. En el momento en el que me di cuenta de que tenía miedo se me acercó una presencia, no físicamente sino a través de la telepatía. Se trataba de una presencia dulce y tranquila que me dijo: «Todo va bien, relájate». Y aquel pensamiento, cuando llegó a mí, tuvo un efecto calmante.

Me dirigí hacia aquella inmensa luz del final del túnel, pero en el instante en que la atravesé todo se volvió oscuro. Una oscuridad total, sin sensaciones.

Mi consciencia existía; existía yo, pero sin sentir ninguna sensación. Era absolutamente terrorífica. Solamente duró unos instantes, pero me pareció una eternidad.

Poco a poco los sentidos empezaron a activarse muy delicadamente y me di cuenta de que estaba sintiendo únicamente sensaciones positivas. Ya no sentía dolores en la pierna, ni perturbaciones mentales o físicas. En su lugar había paz, gozo, armonía y luz. ¡Qué maravillosa luz! Cada vez percibía más su presencia: era una luz de color verde plateado, llena de amor. Cuando mis sensaciones se equilibraron, me pareció que habían pasado cien años porque en aquel lugar la prisa no existía, descubrí un ser sentado a mi lado, un ser de paz con un vestido blanco.

Él había sido quien me había tranquilizado en los últimos instantes de mi viaje, esto lo entendí instintivamente, y continuó haciéndolo.

Sabía que habría podido ser todos los amigos que no había tenido y todas las guías y profesores que hubiera podido necesitar un día. También sabía que habría estado presente si algún día hubiera tenido necesidad de él. Pero como tenía otra gente a quien controlar, tenía que ocuparme de mí mismo lo mejor que hubiera sabido. Estábamos sentados uno al lado del otro sobre una roca a pico sobre el paisaje más bonito que nunca había visto. Los colores tenían tonos que me eran totalmente desco-

nocidos y su esplendor superaba cualquier sueño maravilloso. Era de una placidez extraordinaria, estábamos rodeados de una absoluta paz, mi amigo me conocía y me amaba mejor de lo que hubiera podido conocerme y amarme yo mismo. Nunca había sentido un sentimiento tal de paz y amor incondicional.

Mientras me encontraba todavía sumergido en la contemplación de aquel maravilloso paisaje, mi amigo me dijo que ya había llegado el momento de irse. Aunque muy agitado, lo acepté. Inmediatamente nos encontramos en otro lugar escuchando como unos ángeles cantaban la melodía más adorable y extraordinaria que jamás hubiera escuchado. Eran todos iguales y todos preciosos.

La guía me dijo que para mí había llegado el momento de irme, pero que tenía que acordarme de que aquel lugar sería siempre mi casa y que volvería en un futuro. Le dije que no podía volver a la vida normal, sobre todo después de aquella experiencia; me respondió que no podía escoger, que todavía tenía que hacer muchas cosas. En un segundo todo desapareció y me encontré en la sala de reanimación preguntándome qué era lo que me había sucedido.

En el mes de junio de 1959, Betty Malz se encontró internada en el Union Hospital de Terre-Haute, en el estado de Indiana, a causa de una infección muy grave. Posteriores complicaciones pulmonares hicieron que se desencadenase una difícil situación y el médico acabó declarándola oficialmente muerta. ¡Pero no era así! Betty volvió a la vida después de una experiencia de premuerte en la que falta el paso por el túnel.

Muchos años después la misma Betty Malz sintió el deseo de explicar con detalles todo lo que le había sucedido y sentido[7].

El viaje fue dulce y tranquilizador. Me desperté a los pies de una estupenda colina. Era muy empinada pero la subí sin problemas: un éxtasis increíble me invadía. Por encima de mí veía un cielo azul, espléndido, profundo y sin nubes. Observando más atentamente me di cuenta de que no existía ninguna carretera o camino y de que no me parecía conocer el lugar al que me dirigía.

De pronto descubrí que no estaba caminando sola. Detrás de mí, a mi

[7] B. Malz, *My glimpse of eternity*, Chosen Books, Nueva York, 1977.

izquierda, percibí una figura alta, que caminaba como un hombre y que llevaba un vestido blanco. Me preguntaba si de verdad era un ángel e intentaba ver si tenía alas, pero no conseguía verle la espalda. Me di cuenta de que podía moverse donde quisiera y a gran velocidad. No hablábamos, lo que no me parecía necesario ya que los dos íbamos en la misma dirección. Enseguida me di cuenta de que no me era extraño sino que, al contrario, me conocía mientras que yo experimentaba una extraña sensación de complicidad. ¿Dónde nos habíamos visto antes? ¿Quizá nos conocíamos desde siempre? Parecía que fuera así, desde luego.

Mientras caminábamos juntos, veía una luz difusa por todos los sitios pero no veía el sol. Tenía la sensación de que hubiéramos podido ir a cualquier sitio y al instante.

Nos comunicábamos a través del pensamiento.

El ángel se detuvo delante de mí y abrió una puerta que todavía no había visto; más allá se extendía una especie de camino dorado que parecía recubierto de cristales y agua.

No percibía formas pero sentía la presencia de una persona. De golpe entendí que la luz que tenía delante de mí era Jesús. No conseguía moverme. La luz me envolvía, parecía como si tuviera un cierto calor en su interior y también mi cuerpo empezó a resplandecer. Cada parte de mí estaba siendo absorbida por aquella luz. Era una energía potente, que me envolvía con sus rayos, penetrante y amorosa.

El ángel me miró y me preguntó por telepatía si quería entrar en aquel lugar y unirme a los presentes. Todo mi ser quería entrar, pero sentía un cierto titubeo.

¿Podía escoger? Entonces me acordé de mi padre y sentí que tenía que volver con él.

El doctor Maurice Rawlings, reconocido cardiólogo, cita el caso[8] de un paciente suyo que fue internado en el hospital para sustituirle el marcapasos que presentaba algunas anomalías en su funcionamiento; el corazón empezó a latir más lentamente y el paciente cayó en un estado de inconsciencia. Su relato es muy significativo puesto que se trata de un ateo.

[8] M. Rawlings, *Beyond death's door*, Bantam Books, Nueva York, 1979.

Recuerdo haber oído a alguien gritar: «¡Emergencia, emergencia!», pero yo ya no me encontraba en la habitación. Me pareció como si una enfermera me hubiera cogido por detrás, por la cintura, y me estuviera llevando a alguna parte.
Nos fuimos a dar un vuelo por la ciudad, a una velocidad que no cesaba de aumentar. Me di cuenta de que no se trataba de una enfermera cuando, al mirarme los pies, descubrí la punta de una ala que se movía detrás de mí. Estaba convencido de que se trataba de un ángel.
Después del vuelo por los espacios celestiales, me depositó en medio de una fabulosa ciudad con edificios resplandecientes de oro y con árboles estupendos. Todo el paisaje estaba iluminado por una luz maravillosa. Por una calle encontré a mi madre, a mi padre y a mi hermano. Estaba a punto de dirigirme hacia ellos para abrazarles cuando el ángel me volvió a coger por la cintura y me arrastró a los espacios celestiales. No entendí por qué no podía dejarme allí. Mientras nos dirigíamos hacia la línea del horizonte empecé a reconocer algunos edificios, incluido el del hospital en el que me habían internado. El ángel descendió y me depositó en la habitación, desde donde observé a los médicos que trabajaban alrededor de mi cuerpo para reanimarlo.
No creo que sea posible continuar siendo ateo después de una experiencia como esta.

La siguiente experiencia ha sido descrita por el doctor Arvin Gibson, del que ya hemos hablado[9]. Se refiere a Ann, una niña de nueve años a quien los médicos habían diagnosticado un principio de leucemia. Su madre acostó a la niña y cerró la puerta. Pero Ann estaba muy inquieta y no conseguía dormirse. A través de los párpados cerrados empezó a ver una cierta claridad: abrió los ojos y sobre una de las paredes de la habitación vio una luz blanca y dorada a la vez, que se iba difundiendo gratamente a su alrededor.

Me senté en la cama para observar la luz que se iba difundiendo a mi alrededor. Crecía con gran rapidez y a cada segundo se hacía más grande e intensa. En un cierto punto me pareció tan fuerte que pensé que podría iluminar al mundo entero. Después vi una figura surgir de

[9] A. Gibson, *Glimpses of eternity*, op. cit.

la luz. Se trataba de una mujer preciosa, que irradiaba luz ella misma, una luz que se difundía, como filtrada por un cristal muy puro.
También su vestido era luminoso, largo y blanquísimo, con mangas muy grandes y en la cintura llevaba un cinturón dorado. La mujer iba descalza y me di cuenta de que sus pies no tocaban el suelo, sino que se encontraban a algunos centímetros de él. Nunca en mi vida había visto una mujer como ella.
Mientras me llamaba por mi nombre y me tendía las manos su mirada estaba llena de amor. Me dijo que me acercara con una voz muy dulce y amable. Ninguna de las dos habíamos abierto la boca puesto que nos comunicábamos a través del pensamiento.
Le pregunté quién era y me dijo que era mi custodio, enviado para guiarme hasta el lugar donde habría podido descansar en paz. Desprendía un amor que me envolvía por entero y puse mis manos sobre las suyas.
Habíamos atravesado un lugar oscuro hasta llegar delante de una luz que cada vez se hacía más brillante.

Después Ann alcanzó a un grupo de niños que jugaban juntos en lo alto de una verdosa colina. Al cabo de un rato el ángel la volvió a coger de la mano explicándole que tenían que volverse a ir. Ann se resistía, no quería abandonar un lugar tan lleno de paz, amor y alegría. Pero su acompañante le explicó que, a partir de ese momento, la vida en la tierra sería más fácil. La niña entró así otra vez en su cuerpo, echado en la cama; más tarde, los médicos constataron que la leucemia que se le había diagnosticado había desaparecido.

Volvamos ahora al doctor Moody que, como hemos visto, se ha ido interesando cada vez más en los NDE de los niños.

De su libro *La luz más allá de la vida*[10] citamos algunos casos particularmente interesantes.

El primer caso de premuerte en un niño me cogió por sorpresa mientras trabajaba como interno en un hospital de Georgia. Estaba haciendo un análisis de rutina en un paciente de nueve años al que llamaré Sam.

[10] R. A. Moody, op. cit.

Joaquín y el ángel, ***xilografía de Alberto Durero***

Hacía un año había sufrido una paro cardíaco, a causa de una enfermedad de la glándula suprarrenal, que casi le causa la muerte.
Estábamos charlando sobre su enfermedad cuando, tímidamente y de forma espontánea, me dijo: «Hace casi un año, estaba muerto».
Lo incité a hablarme de su experiencia. Sam me dijo que, mientras estuvo muerto, le parecía fluctuar fuera de su cuerpo y observaba desde arriba al doctor que le apretaba el pecho para activar de nuevo su corazón. En esta extraña situación intentaba convencer al médico para que no le pegara más, pero él no le prestaba atención.
En aquel punto sintió como si estuviera subiendo rápidamente y vio cómo la tierra se quedaba muy por debajo de él.
Luego atravesó una galería muy oscura y se encontró en la parte opuesta con un grupo de «ángeles». Respondió que no a la pregunta de si aquellos ángeles llevaban alas.
«Eran incandescentes» y añadió que parecía que todos le querían mucho. En aquel lugar todo parecía estar lleno de luz, pero conseguía distinguir una escena pastoral muy bella.
Aquel lugar paradisíaco estaba rodeado por un cercado; los ángeles le dijeron que si atravesaba el cercado no volvería más a la vida. Después, un ser de luz (al que Sam daba el nombre de Dios) le ordenó volver atrás y entrar de nuevo en su cuerpo. «Yo no quería volver, pero él me obligó» concluyó Sam.

El siguiente caso concierne a una niña de nueve años que tuvo una experiencia de premuerte durante una operación de apendicitis. Mientras los médicos intentaban reanimarla, ella observaba su propio cuerpo desde un punto de vista externo.

Les oía decir que el corazón no latía, pero yo los observaba desde el techo. Desde arriba lo veía todo. Me movía muy cerca del techo y al ver mi cuerpo no supe a quién pertenecía. Después lo reconocí y entendí lo que pasaba. Salí al pasillo y vi a mi madre que lloraba; le pregunté por qué, pero ella no me oía. Los médicos creían que estaba muerta.
Luego vino una mujer muy guapa que me ayudó: sabía que estaba asustada.
Atravesamos un túnel y llegamos al cielo: allí hay flores muy bonitas.
Estaba con Dios y Jesús que me dijeron que debía volver con mi madre

que estaba sufriendo mucho: debía continuar mi vida. Entonces volví y me desperté.
El túnel era muy largo y oscuro. Lo atravesé muy rápidamente. Al final estaba la luz y cuando la vi me sentí muy feliz. Durante mucho tiempo he deseado volver a aquel lugar. Todavía ahora tengo ganas de volver a ver aquella luz, cuando muera... La luz era muy fuerte.

Un caso muy interesante, sobre todo porque es muy completo, es el de un chico que fue envestido por un coche mientras iba en bicicleta. Moody habló con él cuando tenía catorce años, tres años después del suceso. Aunque el accidente fue muy grave se ha demostrado que no le produjo ningún daño en el cerebro. Su historia y sus respuestas demuestran su agudeza e inteligencia.

Sucedió cuando tenía once años. Me habían regalado una bicicleta por mi cumpleaños; al día siguiente, mientras paseaba con ella no vi venir un coche que me envistió. No me acuerdo del golpe, pero de pronto me encontré mirándome desde lo alto; vi mi cuerpo debajo de la bicicleta y la pierna rota y llena de sangre. Recuerdo haber visto mis ojos cerrados, pero yo estaba encima.
Flotaba a una altura de dos metros por encima de mi cuerpo y había un montón de gente alrededor. Un hombre de los que estaban entre la gente intentó ayudarme. Llegó una ambulancia. Me preguntaba por qué todos se preocupaban tanto si yo estaba tan bien. Cuando vi que metían mi cuerpo en la ambulancia intenté decirles que me encontraba muy bien, pero nadie me oía. En cambio, yo entendía lo que ellos decían: «¡Ayudadle!» gritaba alguien. «A mí me parece que está muerto, pero intentémoslo», decía otro. Cuando la ambulancia se fue intenté seguirla desde arriba. Pensaba que estaba muerto. Miré a mi alrededor y me encontré en un túnel con una gran luz al fondo. El túnel me llevaba cada vez más arriba; salí por la otra parte.
En aquella luz había muchas personas que no conocía. Les expliqué lo que me había sucedido, pero me dijeron que debía regresar con mi padre, mi madre y mi hermana porque todavía no había llegado mi hora de morir.
Permanecí durante un buen rato en aquella luz o al menos así me lo pareció. Sentía que todos me querían, que eran felices. A mí me parece

que esa luz era Dios. El túnel subía como un torbellino hacia la luz. No sabía por qué estaba en aquel túnel y hacia dónde me dirigía, pero quería alcanzar aquella luz. Cuando llegué a ella ya no quise volver atrás. Me había olvidado de mi cuerpo.
Durante todo el rato que duró el viaje por el túnel me acompañaron dos personas, que vi al llegar a la luz.
Me dijeron que debía regresar, así que atravesé de nuevo el túnel y me encontré en el hospital, con dos médicos que me cuidaban. Me llamaban: «¡Jason, Jason!»
Veía mi cuerpo sobre la mesa y estaba lívido, pero sabía que me recuperaría porque me lo habían dicho los seres de luz.
Intentaba decirles a los doctores que no se preocuparan porque me encontraba bien. Uno de ellos me puso unos discos sobre el pecho y mi cuerpo rebotó. Cuando me desperté expliqué a los doctores que les había visto ponerme los discos sobre el pecho; intenté decírselo también a mi madre pero nadie quería escucharme.
A la pregunta de Moody sobre si aquel episodio lo había cambiado y qué significado le daba, Jason respondió: *He pensado en ello muchas veces: creo haber estado muerto. He visto dónde vamos al morir. No tengo miedo de la muerte. En ese lugar he aprendido que lo más importante de la vida es el amor.*
Moody le preguntó acerca de las personas que estaban con él en el túnel y Jason dijo: *Vinieron a ayudarme en cuanto llegué al túnel. No sabía exactamente dónde me encontraba, pero quería llegar hasta la luz al salir. Ellos me dijeron que estuviera tranquilo porque me acompañarían hasta la luz. Notaba que me querían. En el túnel no les veía la cara, sólo el perfil, pero cuando llegamos a la luz los vi muy bien. Es difícil describirlos porque eran muy distintos de los seres de la tierra. No tengo palabras para explicarlo: parecía que iban vestidos de blanco y todo era muy luminoso. Yo entendía sus pensamientos y ellos entendían los míos.*

Moody cita otro caso, descrito por el doctor David Herzog del Massachusetts Hospital de Boston, en su ensayo *Near-Death Experiences in the Very Young*. El caso es muy relevante por la escasa edad de la paciente. Se trata, en realidad, de una niña de seis meses que, internada en la planta de cuidados intensivos a causa de una grave enfermedad, se curó rápidamente.

Bastante tiempo después, empujada por los hermanos a arrastrarse a través de una galería de unos grandes almacenes, la niña tuvo un ataque de pánico; el suceso se repitió más de una vez en ocasiones parecidas. En el informe del doctor Herzog podemos leer:

> *Según la madre, durante estos episodios la paciente empieza a hablar muy deprisa, está excesivamente asustada y confusa y parece como si conociera muy bien el túnel. A la edad de tres años y medio, mientras la madre le explicaba que la abuela estaba a punto de morir, la niña replicó: «¿Debe atravesar el túnel de los grandes almacenes para ver a Dios?»*

El doctor Melvin Morse es también un investigador en el campo de las NDE; a propósito de este tema ha publicado un libro[11], del que hemos extraído los siguientes casos.

El primero concierne una niña de siete años que casi se ahoga en una piscina y que fue llevada a la sala de reanimación del hospital de Seattle; después de una semana en la unidad de cuidados intensivos fue dada de alta. Volvió otro día para una visita de control y aludió a la experiencia de premuerte que había tenido, pero en un primer momento estaba algo avergonzada y se negó a hablar de ello. Solamente después de que el médico insistiera mucho la niña se decidió a explicar lo sucedido, que el mismo médico sintetizó así en su informe.

> *La paciente dijo que el primer recuerdo que tenía sobre el accidente era el de «estar en el agua». Después declaró: «He muerto y me he encontrado en un túnel. Estaba muy oscuro y he tenido miedo. No conseguía caminar». Luego apareció una mujer que se llamaba Elisabet y el túnel se iluminó; la mujer era muy alta y tenía el pelo muy rubio. Fueron juntas hasta el cielo. La paciente añadió: «El cielo era muy bonito, lleno de luz y de flores».*
> *Además, explicó que el cielo estaba rodeado de un cercado, más allá del cual no conseguía ver nada. Explicó que había encontrado muchas personas, entre las cuales estaban sus abuelos y una tía, todos muertos, y dos mujeres adultas, Heather y Melissa, a punto de renacer. También*

[11] M. Morse, «A Near-Death Experience in a Seven-Years-Old Child», *The American Journal of the Disabled Child*, volumen 137.

vio al «Padre Celeste con Jesús», que le preguntaron si quería volver a la tierra; ella les contestó que no. Entonces Elisabet le preguntó si quería volver a ver a su madre; ella dijo que sí y se despertó en el hospital. Finalmente, dijo haberme visto en la sala de reanimación, pero no ha sabido añadir otros detalles de aquellos tres días que pasó en coma.

El segundo caso citado por Morse se refiere a un niño que, explicando su propia experiencia de premuerte, decía que se había encontrado con un ser de más de dos metros de alto que lo había acompañado a través del túnel, y sobre el que precisó: «No era Jesús, pero quizá se trataba de un ángel que me llevaba hacia él».

Los ángeles de las grandes almas

Mahatma es una palabra que significa «gran alma».

En nuestro siglo se ha convertido en una palabra de dominio público por todo el mundo, porque se ha unido intrínsecamente a aquel hombre extraordinario que fue Karamciandra Gandhi.

Se trata de un título muy apreciado, un reconocimiento público que, de forma completamente informal y espontánea, atribuye el pueblo a quienes reconoce de forma instintiva como a personas excepcionales espiritual e intelectualmente, abiertas de modo incondicional a la humanidad y, más aún, formando parte de la realidad universal. Se trata de individuos fuera de lo común, que se mueven en los niveles más altos de conocimiento y participación. Pueden ser místicos totalmente dedicados a la meditación, a la contemplación y a la plegaria; también pueden ser operativos, es decir, los que viven intensamente su tiempo, prodigándose en favor de los demás a través de actividades solidarias y caritativas, esforzándose por actuar en los acontecimientos históricos en los que se encuentran implicados; incluso pueden ser las dos cosas a la vez.

Las grandes almas no son exclusivas de un pueblo, de una cultura o de una religión. Su grandeza es demasiado elevada para limitarles el espacio: pertenecen a toda la humanidad y, en un cierto sentido, no constituyen el fruto más elevado y maduro; son una vanguardia, un modelo y una primicia de aquello en lo que quizás un día todos podremos convertirnos.

Utilizando el moderno lenguaje psicológico diríamos que estos seres viven constantemente en una dimensión transpersonal. En este capítulo analizaremos las vivencias de algunas de estas grandes almas. Algunas vivieron en tiempos remotos y otras son contemporáneas, pero todas han vivido un encuentro con los ángeles, han informado sobre ello explicándolo de viva voz o a través de la escritura.

¿Son experiencias reales o se trata de fantasías o alucinaciones? ¿O, todavía peor, se trata de manipulaciones conscientes?

También a este caso puede aplicarse lo que ya se ha comentado para las experiencias de premuerte.

Seguramente no es posible «demostrarlas» y reproducirlas en un laboratorio como le gustaría hacer a la ciencia tradicional para poder expedir el certificado de autenticidad, según un criterio lógico propio que tiene un innegable y apreciable rigor.

Sin embargo, con la misma seguridad es necesario precisar que la realidad de la que estamos rodeados, y de la cual formamos parte, es infinitamente más vasta, rica y densa de significado de lo que nuestra mente pueda llegar a comprender.

De vez en cuando, ahora aquí, ahora allí, se abren para nosotros misteriosos e insospechables canales a través de los cuales irrumpe un conocimiento, aunque parcial y episódico que, de todos modos, nos comunica un «algo» del insondado e insondable misterio que compone el universo.

Es cierto que no es fácil establecer a priori cuál deba ser nuestro comportamiento, racional, al respecto.

Uno de los posibles criterios sería comprobar —lo que no siempre es fácil— que no existan situaciones patológicas e intencionadamente engañosas.

De forma indirecta podemos acercarnos a este objetivo verificando primeramente la veracidad de la persona portadora de tales experiencias, por ejemplo, el hecho de ser desinteresada, coherente y equilibrada puede ser un indicio válido. Igualmente es positivo y aceptable que determinados acontecimientos «milagrosos» hayan tenido un número mayor o menor de espectadores-testimonios.

En el caso de ciertos místicos podemos encontrar un testimonio indirecto de su seriedad —y por lo tanto de su validez como testimonio— gracias a un reconocimiento «superior», por decirlo de alguna forma, a través de la atribución de determinadas «señales» como marcas en el cuerpo o poderes especiales (de curación, de conocimiento, de visiones y de ubicuidad), hasta alcanzar la incorruptibilidad —que puede verificarse— de los cuerpos en el tiempo.

Es necesario añadir que, contrariamente a lo que pueda creerse, la actitud de las instituciones religiosas oficiales —sobre todo la de la Iglesia católica— es extremadamente desconfiada y cauta frente a los acontecimientos «milagrosos», puesto que un error de valoración, referido a un suceso específico, podría comprometer la veracidad de toda una serie de casos, hasta conseguir implicar la de la propia institución.

Respecto a los místicos —en particular los católicos— se dice que a menudo se verifican manifestaciones que muchos de nosotros no estamos dispuestos a aceptar; entre ellos podemos recordar la exaltación del dolor, la búsqueda del sufrimiento y de la mortificación, el rechazo a los «placeres» de la vida, que han sido previstos y predispuestos por la sabiduría divina y que deberían pertenecer a aquel orden natural de las cosas de acoger y vivir con reconocimiento.

Estos aspectos, aunque discutibles, todavía no son suficientes para poder rechazar globalmente determinadas manifestaciones a veces, aunque no necesariamente, concomitantes.

Todavía una última observación: la fruición y la tramitación de ciertas facultades y poderes no puede reconducirse completamente a una particular religión (como si se tratase de un signo de «veracidad» de estas en relación con las otras), sino que al contrario, se trata de situaciones que están presentes en todas las creencias religiosas y hasta, en algunos casos, fuera de ellas en individuos inequívocamente laicos.

Pasemos ahora revista a algunos de los encuentros con los ángeles más significativos de la historia, precisando que son «verdaderos» porque han sido vividos como tales por los protagonistas.

Después, cada uno a la luz de los parámetros culturales de los que dispone y de la propia conciencia —teniendo en cuenta las consideraciones que se han hecho hasta ahora— sacará sus propias conclusiones y valoraciones.

Omitiendo la época más remota, por otra parte rica de apariciones angelicales (en la Biblia, ya sea en el Antiguo o en el Nuevo Testamento prodiga esta temática), limitaremos el estudio a los dos milenios de nuestra era.

Una de las tradiciones más antiguas que nos ha sido transmitida al respecto tiene como protagonista a santa Cecilia, una joven romana que vivió entre el siglo II y III, en una época de grandes persecuciones.

Cecilia era una cristiana muy ferviente. Un día reveló a su marido Valerio que estaba en contacto con un ángel que la protegía y la defendía de cualquier peligro. Su marido le dijo que si pudiera verlo, él también se haría cristiano.

Cecilia le dijo que sólo vería al ángel si se bautizaba.

El marido accedió y siguiendo las indicaciones de su mujer se dirigió al lugar secreto donde se escondía el obispo para huir de las persecuciones.

Después de ser bautizado volvió a casa y vio a su mujer de rodillas que rezaba y a su lado se erguía un ángel que emanaba una gran luz.

Impresionado por esta visión, Valerio fue a buscar a su hermano Tiberio y, después de explicarle todo lo que le había sucedido, lo convenció para que se bautizara; más tarde también Tiberio tuvo la visión del ángel.

Los dos hermanos, llenos de entusiasmo y pertenecientes a una familia muy rica, empezaron a testimoniar a todos su propia fe hasta que fueron arrestados y condenados a muerte por el juez Almachio, quien esperaba poderse apoderar de todos sus bienes, por lo cual pidió a Cecilia que se los diese, pero ella le respondió que todas las riquezas habían sido ya distribuidas entre los pobres. Bajo los efectos de la ira, el juez ordenó que Cecilia fuera lanzada a una hoguera ardiente.

La mujer entró, pero no se encontraba sola: a su lado vieron como caminaba un ángel. Cecilia permaneció un día y una noche enteras entre las llamas, sin sufrir ningún daño.

Esta leyenda se parece mucho a un episodio de la Biblia, narrado en el libro de Daniel (3, 13-30), en el que se habla de tres hombres que el rey Nabucodonosor de Babilonia condenó a la hoguera ardiente y de la que salieron ilesos en compañía de un ángel.

Mónica, nacida en el norte de África en el año 332, era también una ferviente cristiana. Gracias a sus plegarias y junto al ejemplo de su propia vida consiguió convertir a su marido y a su suegra.

Pero se sentía angustiada por el comportamiento de su hijo Agustín, un joven dotado de grandes cualidades y de una brillante inteligencia que desperdiciaba llevando una existencia vacía y disoluta. Al final, las plegarias de Mónica, también en este caso, tuvieron su efecto ya que se le apareció un ángel que le dijo: «¡Tu hijo está contigo!»

Se trataba de una profecía puesto que, después de unos años, Agustín se convirtió al cristianismo y acabó siendo uno de los más prestigiosos padres de la Iglesia que, más tarde, lo consagró santo.

Francisco de Asís nació en 1182, aproximadamente. Provenía de una familia muy acomodada, y su primera juventud transcurrió con gran alegría y despreocupación.

Se dedicó a la carrera militar y cuando no tenía más que unos veinte años, durante un viaje hacia el sur de Italia, cayó muy enfermo y se vio obligado a detenerse en Spoleto.

En tal delicada situación —no se sabe si también tuvo una visión— oyó una voz celestial que lo exhortaba a abandonar la actividad de las armas y a volver a su país para «... servir al Señor en lugar de a los hombres».

Francisco obedeció y empezó su gran obra de testimonio que le llevó a convertirse en uno de los santos más famosos del mundo.

Un contemporáneo suyo, san Buenaventura de Bagnoregio (1217-1257), narraba de esta forma las circunstancias en las que san Francisco recibió los estigmas.

Una mañana, por la fiesta de la exaltación de la Cruz, mientras rezaba en un lugar apartado del monte, vio cómo bajaba del cielo un serafín con seis alas luminosas y resplandecientes. Cuando, con un vuelo muy rápido, llegó por el aire muy cerca del lugar en el que se encontraba el hombre de Dios, entre sus alas apareció la imagen de un hombre crucificado... De las seis alas dos se alzaban por encima de la cabeza, dos se abrían para volar y dos recubrían todo su cuerpo.
El santo, viendo esto, se quedó estupefacto mientras su corazón se vio invadido por un sentimiento mixto de tristeza y de alegría.
Se alegraba, de hecho, de la mirada graciosa con la que se veía observado por Cristo, que se le había aparecido bajo la imagen de un serafín; pero, al verlo crucificado, su alma se sentía traspasada por la espada de una dolorosa compasión.
Estaba totalmente maravillado de esta visión que le parecía al mismo tiempo incomprensible, porque sabía muy bien que el dolor de la pasión no se concilia de ninguna manera con la beatitud de un serafín. Pero al final, el Señor le hizo comprender que tal visión se la había ofrecido a sus ojos la providencia divina para que, este amigo de Jesucristo, fuera advertido de que sería totalmente transformado para parecerse a Cristo crucificado, y no con el martirio de la carne, sino con el incendio amoroso de su espíritu.
Cuando desapareció la visión, le quedó a Francisco en el corazón un maravilloso fervor. Pero también en su carne le habían quedado impresas las señales no menos maravillosas de la pasión de Cristo. De hecho, enseguida empezaron a aparecerle en las manos y en los pies las señales de los clavos, iguales a la imagen anterior del hombre crucificado.

San Buenaventura explica también otro episodio significativo:

A causa de su enfermedad se encontraba muy débil y tuvo el deseo de escuchar el sonido de algún instrumento que le tranquilizara el espíritu. Para satisfacer sus deseos vinieron una comitiva de ángeles...

Esto proporcionó a Francisco «una tal alegría que se imaginó que se encontraba ya en otro mundo» y la música la oyeron incluso los frailes que se encontraban cerca de él.

San Buenaventura añade todavía a propósito de Francisco:

Se encontraba unido, a través de un inseparable vínculo de amor, a los ángeles, a estos espíritus que arden con un fuego maravilloso y que, con ello, penetran en Dios e inflaman las almas de los elegidos.

Santa Caterina de Siena (1347-1380), una de las místicas cristianas más grandes, recibió muchos dones celestiales: estigmas, levitaciones, visiones y, por último, la incorruptibilidad del cuerpo.

Aunque era casi analfabeta, esta terciaria dominicana ejerció una enorme influencia sobre sus contemporáneos, papas incluidos, tanto en la vida política como en la religiosa.

En sus *Diálogos* cita un episodio angélico. Un día los monjes de un convento no tenían nada para comer. A pesar de esto el prior «... dijo, lleno de fe y seguro de que yo los habría socorrido: "Hijos míos, sentaos". Obedeciéndole, los monjes se sentaron a la mesa. Entonces yo, que ayudo a todos aquellos que ponen en mis manos sus esperanzas, invité a dos ángeles a que trajeran panes muy blancos y en cantidades suficientes para varias comidas. Este es un ejemplo en el que mi providencia actúa sin el trámite del hombre y sólo a través de la clemencia del Espíritu Santo».

Un caso muy relevante es el de Juana de Arco, la «doncella de Orleans», una chica pobre y analfabeta, hija de campesinos, que vivió sólo diecinueve años, del año 1412 al 1431. Se convirtió en la heroína de Francia y fue proclamada santa a consecuencia de unas circunstancias que no pueden calificarse tan sólo excepcionales.

Su vivencia duró sólo dos años y este hecho refuerza ulteriormente la tesis que dice que estaba directamente inspirada por entidades celestiales.

Juana era muy religiosa y empezó a tener manifestaciones alrededor de los trece años, cuando vio una gran luz al mismo tiempo que oía una voz que la instruía sobre lo que tendría que hacer. A continuación consiguió identificar tal voz con la del arcángel Miguel, que se le apareció acompañado por otros ángeles. Este fue su testimonio:

Cuando tenía más o menos trece años, empecé a oír la voz de Dios que me guiaba y la primera vez experimenté un gran miedo. Oí aquella voz durante el verano en el jardín de mi padre hacia el mediodía... La voz llegaba del lado derecho, donde se encontraba la iglesia, y raras veces la oía sin ver también una fuerte claridad en la misma dirección.

Oí la voz tres veces y entonces comprendí que se trataba de la voz de un ángel... La primera vez pensé que se trataba de la voz del arcángel Miguel y tuve mucho miedo; sucesivamente lo vi muchas veces, antes de saber que era precisamente él. Vi al arcángel y a los ángeles con mis ojos, de la misma forma que os veo a vosotros. Y cuando se alejaron de mí, lloré porque hubiera querido que me llevaran con ellos... Le dije a la voz que no era más que una pobre chica y que no sabía ni cabalgar ni luchar en la guerra.

Por aquel entonces Francia estaba parcialmente ocupada por los ingleses, que tenían la intención de conquistar todo el país. El ejército francés, desorganizado y desalentado, no conseguía contener y hacer retroceder a los invasores. El ángel confió a Juana la misión de rescatar a su patria y la guió en las maniobras que debía ejecutar.

Siempre acosada por las voces, la joven intentó más de una vez encontrarse con Carlos, el heredero del trono de Francia; pero, como es comprensible, fue ignorada repetidamente.

Como consecuencia de sus continuas insistencias, al final fue admitida en la corte; allí fue sometida a un engaño, urdido para probar la veracidad de lo que decía. En la sala de las audiencias, llena de personas, Carlos se disfrazó como un común cortesano, mientras que otro se vistió de rey en su lugar.

La estratagema no consiguió confundir a la joven que enseguida se dirigió al heredero del trono diciéndole que la enviaba Dios para comunicarle que se convertiría en el verdadero rey de Francia.

Quizá gracias a este primer y extraordinario suceso, Juana consiguió animar a los comandantes y a los soldados franceses, a la cabeza de los cuales se situó ella misma hasta conducirlos a la victoriosa liberación de Reims, donde Carlos fue coronado rey.

En ocasión de la ceremonia, Juana vio a un ángel que llevaba una corona y con ella lo vieron otras trescientas personas, según se puede leer en las crónicas de la época.

Los repetidos éxitos conseguidos durante la lucha contra los ingleses, a la cabeza de un ejército de pordioseros, y los claros signos de su elección permitieron que Juana conquistara la confianza y la devoción del pueblo. Pero en el ambiente de la corte no faltaron continuas tramas contra ella puesto que eran muchos los que se mostraban celosos.

En el año 1430 la heroína cayó en manos de los ingleses, entregada por el duque de Borgoña, su aliado. Instruyeron un proceso en su contra por brujería, basado en el hecho que afirmaba oír voces. El proceso, completamente manipulado, se concluyó con su condena a muerte: fue quemada viva en la plaza del mercado de Rouen.

Solamente dieciocho años después fue rehabilitada y, por lo tanto, proclamada santa.

Santa Teresa de Ávila vivió en España desde el año 1515 al 1582. Hermana de la orden de las carmelitas, tuvo continuamente visiones y encuentros con los ángeles y fue la primera mujer a la que se nombró «doctora de la Iglesia».

En el libro *Lives of Saints* de Butler[12] se cuenta que un día, mientras estaba absorta en la plegaria, la monja oyó una voz que le decía: «No te haré hablar con los hombres, sino con los ángeles».

A partir de aquel momento consiguió oír voces «... incluso más claras e inteligibles que las que los hombres oyen normalmente con sus oídos».

Teresa agrupó sus experiencias, que la llenaron de alegría y seguridad, en una serie de escritos, entre los cuales se encuentra el famoso *Camino de la perfección*.

Este es uno de sus muchos y significativos testimonios:

[12] J. Butler, *Lives of Saints*, Ed. Burns & Oates, Tunbridge Wells.

Veía cerca de mí, en el lado izquierdo, a un ángel de apariencia corpórea. Era pequeño y muy bonito; con su rostro apasionado, parecía que se encontraba entre los más grandes de entre los que parecen incendiados por el amor, a quienes yo llamo querubines puesto que nunca me han revelado su nombre.

Pero percibo claramente en el cielo una diferencia tan enorme y significativa entre ciertos y ciertos ángeles que no sería ni siquiera capaz de explicarla.

Veía pues el ángel que llevaba en la mano un dardo de oro muy largo y cuya extremidad de hierro parecía cubierta de fuego. Parecía como si lo estuviera clavando directamente en mi corazón, hasta llegar a mis vísceras. Cuando lo extrajo se hubiera podido decir que el hierro se las había llevado consigo y me dejó completamente inmersa en un infinito amor por Dios... La suavidad que me procuró ese incomparable tormento fue tan inmensa que mi alma sólo podía desear el fin, y no contentarse con nada que no fuera Dios. No fue un sufrimiento corporal, sino espiritual...

Es un intercambio de amor tan dulce entre Dios y el alma que suplico al Señor que se digne, en su inmensa bondad, ampliarla igualmente a aquellos que prestarán fe a mis palabras.

Caterina de Pazzi nació en el año 1566, hija de una de las más nobles y poderosas familias florentinas antagonistas de los Médicis.

Aunque la condición social a la que pertenecía le consentía llevar una vida extremadamente brillante, comprendió que su vocación era el convento. Así pues, entró en un convento a la edad de dieciséis años y se cambió el nombre por el de María Magdalena. Durante toda su vida experimentó vivencias extraordinarias como éxtasis, visiones, levitaciones y estigmas: después de la muerte, que le llegó en el año 1607, su cuerpo permaneció incorrupto y todavía se encuentra expuesto en la iglesia de las carmelitas de Florencia.

María Magdalena, en sus *Profundas meditaciones sobre la perfección divina*, nos ofrece algunas significativas anotaciones con respecto a los ángeles y a sus relaciones con los hombres.

Su amor se encuentra muy lejos de alcanzar e igualar al de Dios. Los ángeles aman a las criaturas con un amor inmenso, con un amor de verdad y de regeneración. Se trata de un amor intenso, que surge del

corazón del Verbo[13]*, porque ven en ello la dignidad de las criaturas y el amor que él siente por ellas; este amor de los ángeles representa, por así decirlo, la sobreabundancia del amor del Verbo, que los ángeles recogen en sí mismos y transmiten luego a la criatura, a la parte más noble de su ser, es decir, a su corazón. ¡Oh, si la criatura conociera el inmenso amor de los ángeles...!*
Su amor convierte al alma en sabia y prudente; sabia en sus obras, que cumple con una intencionada rectitud para la más grande gloria de Dios, y prudente en mantener la virtud que da vida a todos los amores...

Ana Caterina Emmerich vivió en Alemania desde el año 1774 al 1824. Fue monja agustiniana y tuvo, desde los nueve años, visiones angelicales que se le repitieron después durante toda su vida; además leía en el pensamiento y se levantaba del suelo; en un cierto momento de su vida le aparecieron los estigmas.

A menudo salía de su cuerpo y, en tales ocasiones, su ángel de la guarda la transportaba a millones de quilómetros de distancia, a los lugares más dispares y desde los que le consentía ver lo que estaba sucediendo.

A causa de los escasos y primitivos medios de comunicación que existían en aquella época, las noticias llegaban con un retraso de algunos días y a veces de semanas y meses.

Una vez le explicó a su párroco que había vislumbrado al Papa que imponía una corona sobre la cabeza de un personaje muy pequeño. Algunos días después llegó la noticia de que Napoleón Bonaparte había sido coronado emperador.

Estos extraños poderes hicieron sospechar tanto a las autoridades civiles como a las eclesiásticas, las cuales, creyendo que se trataba de un fraude, sometieron a Caterina a repetidos controles y verificaciones en unas condiciones en las que habría sido imposible el más mínimo enredo. Tras ellos los resultados siempre fueron negativos.

El abad Schmöger[14] ha recogido en un libro los testimonios que Caterina dio con respecto a su ángel:

[13] Verbo, palabra o *logos* (en griego), son términos que según la teología cristiana se refieren a Jesucristo, porque preexiste junto al Padre, participa de su misma naturaleza divina y es principio y fin de la Creación.

[14] C. Schmöger, *Life of Anne-Catherine Emmerich*, Tan Books, Rockford (I11. U.S.A), 1976.

A veces pasaba días enteros con él. Me enseñaba personas que conocía y otras que no había visto nunca. Con él atravesaba los mares a la velocidad del pensamiento. Podía ver hasta muy lejos, muy lejos... Cuando llega para llevarme con él, normalmente veo, al principio, una leve claridad y luego, de improviso, aparece delante de mí, como la luz de una linterna que ilumina las tinieblas... Mi guía está siempre frente a mí, a veces a mi lado, y no he visto nunca que se movieran sus pies. Es silencioso, realiza pocos movimientos con las partes de su cuerpo, pero a veces acompaña sus respuestas con un ademán de la mano o inclinando la cabeza. ¡Oh, qué brillante y transparente es! Además tiene los cabellos sedosos, fluctuantes y brillantes. Su cabeza no está cubierta y el hábito que endosa es largo y de un candor deslumbrante... Le hablo con libertad pero todavía no he conseguido mirarle a la cara. Me inclino delante de él y él me guía con diversos ademanes. No le hago nunca muchas preguntas porque la satisfacción que siento con sólo saber que se encuentra a mi lado me retiene. Es siempre muy breve en sus respuestas...
Una vez me perdí en los campos de Flamske. Estaba aterrorizada y empecé a llorar y a rezar a Dios. De pronto vi una luz delante de mí, parecida a una llama, que se transformó en mi guía con su hábito encima. La tierra bajo mis pies se secó, y ni la lluvia ni la nieve caían sobre mí. Volví a casa sin ni siquiera mojarme.

María Lataste, una joven muchacha de campo, se dedicó a la experiencia monacal y vivió su vida, que fue breve, en Francia entre el año 1822 y el año 1847. Recogió todas sus meditaciones y el resumen de sus experiencias transpersonales en innumerables cuadernos, ordenados más tarde por Pascal Darbins[15].

La característica de sus testimonios es que cuentan que recibió del propio Cristo una descripción extremadamente detallada acerca de las funciones del ángel de la guarda:

La más íntima unión del hombre es con los ángeles y debe durar siempre, hasta la eternidad. La unión con la criatura material se produce a un nivel muy bajo, porque es transitoria y dura sólo hasta el

[15] P. Darbins, *Vie et oeuvres de soeur Marie Lataste*, Ed. Tequin, París, 1974.

La aparición de los tres ángeles a Abraham, ***grabado de Gustave Doré***

umbral de la eternidad. La unión del alma con el ángel es la más fuerte, porque no es pasiva sino que se trata de una unión operante y llena de actividad.
Entre el hombre y los ángeles hay comunicación, hay entendimiento; y la comunicación y el entendimiento se convierten en lazos tan fuertes que el hombre acaba pareciéndose al ángel y elevándose con él.

Los ángeles tienen la capacidad de crear dos cosas en los hombres. La primera es la iluminación de la inteligencia y la segunda es el movimiento de la voluntad... Los ángeles iluminan a los hombres de tres formas: anunciándoles los misterios divinos, instruyéndolos y exhortándolos. Los iluminan manifestándoseles de forma visible o invisible... De forma invisible cuando no utilizan ningún objeto sensible para manifestarse, cuando actúan directamente con el alma sobre el alma, cuando hablan como de espíritu a espíritu, como de un ángel a otro ángel; y esto sucede tanto si su interlocutor está despierto, como si está dormido. Se acercan a todos aquellos que se interesan por ellos y que se han dirigido a los ángeles... El movimiento de la voluntad no es un movimiento real, como el que se imprimiría a un objeto cualquiera; la voluntad permanece siempre libre y, por ello, ni los ángeles ni Dios pueden imponer un movimiento hacia el bien si el alma no quiere. El movimiento del alma es una disposición hacia el bien, una actitud, una facilidad para hacer el bien. De esta forma los ángeles quitan, hacen desaparecer o disminuyen los obstáculos que impedirían la voluntad y que la detendrían.

Dios gobierna, dirige y conduce todo gracias a su divina providencia. Nada se le escapa porque él ha creado todo: lo conserva todo, vela sobre todo y tiene puesta su mirada en todo. Además ha querido confiar la ejecución de los actos de su providencia a los ministros que ha creado. Estos ministros son los ángeles. Dios ha creado al hombre y se lo ha confiado a ellos. Los ángeles permanecen siempre a su lado, son sus custodios. Todos los hombres tienen un ángel de la guarda... Porque así es la voluntad del Padre, que actúa siempre pensando en el bien y en la salvación del hombre. Los ángeles de la guarda no han sido dados a los hombres a partir de mi llegada en este mundo puesto que existen desde el principio. Todos los hombres han recibido de Dios un ángel que vela sobre ellos.

Esto es lo que el ángel de la guarda hace por vosotros y lo que vosotros debéis hacer por él. El ángel de la guarda aleja de vosotros los males del cuerpo y del alma; lucha contra vuestros enemigos, os invita a hacer el bien; lleva hasta Dios vuestras oraciones y apunta en el libro de la vida vuestras obras más meritables; ruega por vosotros, os sigue hasta la muerte y os llevará hasta el seno de Dios, si vivís justamente durante vuestro pasaje por la tierra... Cualquier cosa puede afligir vuestro cuerpo para siempre, un pequeño accidente puede destruir vuestra alma. No estáis suficientemente preparados para evitar y alejar todos los peligros; y aunque lo estuvierais, no siempre lo podríais hacer solos.
Lo que vosotros no podéis ver lo ve vuestro ángel por vosotros y protegerá vuestro cuerpo y vuestra alma, alejando todo lo que podría crear dolor; lo hace sin que vosotros lo percibáis. Si alguna vez pensáis en ellos y os preguntáis por qué habéis podido escapar a un cierto accidente o desgracia, tocaréis con la mano la acción de vuestro ángel... Finalmente vuestro ángel de la guarda os seguirá por todas partes, en todos los instantes de vuestra vida y, cuando tengáis que volver a Dios, el ángel os conducirá hasta él.

El padre Pío de Pietralcina ha sido uno de los místicos cristianos más conocidos en nuestro siglo. Francisco Forgione —este es su nombre— nació en el seno de una familia del sur de Italia muy pobre en el año 1887. Una precoz vocación religiosa lo empujó a entrar en el orden de los capuchinos. A causa de su precaria salud, fue enviado al monasterio de San Juan Rotondo, en Puglia, donde permaneció toda su vida, hasta 1968. Recibió los estigmas a través de un ángel, como explica él mismo:

Me encontré delante de un misterioso personaje... que tenía las manos, los pies y el costado con regueros de sangre.
Su visión me aterrorizó; no sabría decir lo que sentí en aquel momento. Me parecía que me estaba muriendo y me hubiera muerto si el Señor no hubiera intervenido sosteniéndome el corazón, que sentía saltar en mi pecho. El personaje se retiró y yo vi que sus manos, sus pies y su costado chorreaban sangre.

Además el padre Pío sufrió continuamente éxtasis, poderes de curación, visiones a distancia, presencias simultáneas en dos lugares, conocimiento de las vidas pasadas, presentes y futuras de las personas, de las cuales conseguía leer el pensamiento y las intenciones.

En particular, su frecuentación angelical fue siempre constante; el hecho más curioso es que no encontraba sólo a su ángel de la guarda, sino al de otras personas con las que estaba en contacto, aunque estas no estuvieran presentes delante de él. Según esto era normal decir: «Si me necesitas, mándame a tu ángel de la guarda».

Muy pronto se difundió su fama y la gente acudía desde cualquier lugar para ser curada, recibir consejos y bendiciones.

Al final se convirtió en un verdadero objeto de culto popular, repleto de supersticiones; y esta fue la razón principal de la desconfianza con la que fue considerado siempre por parte de las jerarquías eclesiásticas, que durante un largo período le prohibieron celebrar misa y encontrarse con gente, sometiéndole mientras tanto a minuciosos controles médicos.

Jean Derobert ha reunido toda la copiosa correspondencia que el padre Pío mantenía con sus fieles, presentes en todo el mundo[16].

Hay dos cartas particularmente interesantes. Una está dirigida a su propio director espiritual, el padre Agustín, en el año 1912 y explica un episodio muy curioso.

Durante una noche decididamente desgraciada, en la que padre Pío se sintió agredido continuamente por espíritus malignos, invocó incesantemente a su ángel de la guarda, pero no se presentó hasta la mañana siguiente. Esto hizo que el padre Pío se irritara mucho y se enfadara con su ángel:

> *Le reproché severamente por haberme hecho esperar durante tanto tiempo aunque no hubiera cesado, en ningún momento, de llamarlo en mi socorro. Para castigarlo decidí no mirarlo a la cara, quería irme, escaparme de él. Pero él, el pobre, se me acercó casi llorando. Me agarró y me miró hasta que levanté los ojos, lo miré a la cara y me di cuenta de que estaba muy arrepentido. Me dijo: «... Estoy siempre cerca de ti, mi querido protegido... El afecto que siento por ti no se apagará ni siquiera cuando tú mueras».*

La otra carta fue enviada, tres años más tarde, a una fiel suya llamada Raffaellina Cesare. En aquella carta escribió: «Cómo me consuela saber que nos encontramos siempre bajo la mirada protectora de un espíritu celeste que no nos abandona nunca, ni siquiera (cosa admirable) en las acciones en las que desilusionamos profundamente a Dios...

[16] J. Derobert, *Padre Pio témoin de Dieu*, Ed. Hovire, Marquain, 1986.

»Coged la buena costumbre de pensar siempre en él. A nuestro lado llevamos siempre un espíritu celestial que, desde nuestra cuna hasta nuestro lecho de muerte, no nos abandona ni siquiera un instante, que nos guía y nos protege como un amigo, como un hermano y que nos consuela siempre, especialmente en nuestras horas más bajas.

»Sabed que este buen ángel ruega por vosotros: ofrece a Dios todas vuestras buenas obras y vuestros deseos más sanos y puros. En los momentos en los que os parece que estáis más solos y abandonados no os lamentéis por no tener un alma amiga a quien abrir vuestro corazón y confiar vuestras penas: por caridad, no os olvidéis de vuestro compañero invisible que siempre está presente para escucharos y a punto para consolaros».

Sadhu Sundar Singh, un indio que nació en el año 1889 en una familia de propietarios agrícolas, vivió una experiencia bastante interesante y significativa. Sus padres, particularmente inteligentes y refinados, lo animaron a estudiar para que, entre otras cosas, pudiera alcanzar una buena posición social. Era un joven extremadamente brillante y curioso que estudió con profundidad los textos hindúes, musulmanes y sikh, aunque esto no le permitió encontrar la paz de su alma.

Fue enviado a estudiar a las mejores escuelas de la región que dirigían misioneros cristianos, pero Sundar demostró una fuerte hostilidad frente a aquella religión.

Siempre iba en busca de algo que decía que le faltaba y una noche rogó a Dios que se le revelara, decidiendo en su interior que si no sucedía se quitaría la vida, tal era la angustia y el sentimiento de vacío que lo invadía.

Mientras se encontraba en su habitación inmerso en sus oraciones, tuvo la visión repentina de una gran claridad de la que, lentamente, se le apareció la figura de Cristo que le dijo: «¿Por qué me consideras un enemigo? Yo fui sacrificado en la cruz por todo el mundo y también por ti». Esta vivencia presenta grandes analogías con lo que le sucedió, mil ochocientos años antes, a Pablo de Tarso en el camino hacia Damasco. Sundar cayó de rodillas delante de la aparición y decidió convertirse al cristianismo.

Esto provocó en su padre una profunda desaprobación que, después de intentar hacerle cambiar de idea, lo echó de casa y lo desheredó de sus bienes.

Esto no descorazonó a Sundar que inició una existencia errante y profundizó más en el conocimiento del cristianismo, convirtiéndose en un predicador itinerante.

Él relató que había tenido durante toda su vida tres experiencias particularmente significativas de encuentros con los ángeles.

La primera tuvo lugar mientras se dirigía a un pueblo. En aquel momento su estado de ánimo era muy depresivo y durante el camino se le acercó un caminante que iba en su misma dirección. Empezó a hablarle y le transmitió tal conocimiento y serenidad que Sundar se sintió profundamente aliviado cuando llegaron al final del recorrido. Pero entonces Sundar se dio la vuelta y no vio a nadie cerca de él: el hombre misterioso, tal como había llegado, había desaparecido.

La segunda vez Sundar estaba recorriendo un sendero más bien impracticable, a través de un bosque en la cordillera del Himalaya. Cuando la noche estaba a punto de caer, se encontró en la orilla de un río impetuoso y bastante difícil de atravesar. Pasar la noche solo y acampado en la orilla del río parecía peligroso, puesto que el bosque estaba lleno de animales salvajes. Sundar se sentía perdido, pero mirando más allá del río descubrió a un hombre que se estaba calentando frente a una hoguera. A su vez, el hombre también lo vio a él y le dijo que no se preocupara porque iría a ayudarle. De hecho, vadeó el río, cargó en sus espaldas a Sundar y lo transportó hasta la otra orilla afrontando con mucha seguridad los insidiosos rápidos. Puesto en pie en la otra orilla, Sundar se encontró solo, el hombre y la hoguera habían desaparecido.

El tercer encuentro tuvo lugar en una ciudad del Tíbet donde Sundar fue arrestado acusado de predicar una religión «hereje» y llevado frente al jefe de los lamas. Después de un proceso muy breve, fue echado al fondo de un pozo seco dentro del cual los otros desventurados eran encerrados a muerte. Se encontró solo, en la oscuridad más profunda, en medio de los huesos de los que le habían precedido en aquel final horrendo, pero Sundar rezó, usando las palabras de Jesús sobre el Gólgota: «Dios mío, ¿por qué me has abandonado?»

Después de algún tiempo oyó que alguien removía la cubierta del pozo. Un hombre se asomó al borde y le tiró una cuerda para ayudarle a subir. De esta forma Sundar pudo alejarse sin ser molestado. También en esta ocasión no quedó ningún indicio de su misterioso salvador.

Teresa Neumann vivió en un pueblecito de Baviera, en Alemania, desde el año 1898 al 1962; fue una gran mística y recibió los estigmas.

Su caso es relevante porque a partir del 29 de abril de 1923 dejó completamente de nutrirse y permaneció en ayunas hasta su muerte, que le llegó casi cuarenta años después.

También ella encontró una gran oposición en el seno de la Iglesia que no creía en la autenticidad de su experiencia. Por ello Teresa fue sometida a pruebas y controles muy severos en hospitales en los que fue puesta en cuarentena, delante de numerosos médicos de fama internacional que escribieron informes extremadamente precisos sobre la naturaleza de sus revelaciones.

La mística tenía visiones muy frecuentes y muchas de ellas estaban pobladas de ángeles. Entre ellas se encuentran algunas bastante curiosas porque se trata de visitas de los ángeles que ya se cuentan en algunos episodios bíblicos. Su biógrafo, Johannes Steiner[17], cita un par de ellas que son bastante significativas.

La primera tiene que ver con el anuncio que el arcángel Gabriel hizo a María de Nazaret en relación con la maternidad de su hijo Jesús:

> *Teresa ve a una joven mujer, casi todavía una chiquilla, en una pequeña casa, inmersa en sus oraciones. De improviso delante de ella hay un hombre luminoso (expresión que Teresa Neumann utilizaba para designar a los ángeles): no ha entrado, simplemente está allí. Entonces le pregunté a Teresa: «¿Tenía alas?» y ella dijo: «¿Qué te crees? Los seres luminosos no necesitan alas».*
>
> *El hombre luminoso se inclina delante de la asustada jovencita y habla... María, que continúa asustada, pero con la expresión más confiada, mira a la figura luminosa. El ángel dice otras cosas solemnes. Ella pregunta algo al ángel y el ángel responde. Cuando el ángel acaba de hablar, la joven inclina la cabeza y pronuncia un par de palabras. En ese mismo momento Teresa ve una gran luz que proviene de arriba y que entra en la joven, mientras el ángel se inclina y desaparece.*

Escuchando esta narración se puede pensar que Teresa se ha limitado a revivir con su fantasía un episodio citado en los Evangelios, que seguramente había leído una y otra vez hasta conocer de memoria todos sus mínimos detalles. De todas formas no se entiende por qué no narra el texto del diálogo y en cambio se limita a decir que se pronunciaron palabras.

La segunda visitación tiene que ver con el anuncio a los pastores, por parte de los ángeles, del nacimiento milagroso de Jesús que tuvo lugar en Belén.

[17] J. Steiner, *The visions of Teresa Neumann*, Ed. Alba House, Nueva York, 1975.

Media hora después de la medianoche, después de que Teresa asistiera al nacimiento del Redentor, se vio transportada delante de una cabaña que distaba unos veinte minutos del establo y que se encontraba sobre una colina. Allí, ocho pastores se resguardaban de la noche. De improviso se hizo como de día y todos en la cabaña se asustaron; con mucho cuidado espiaron fuera y a una altura de más o menos tres metros, sobre una nube reluciente, vieron un ángel, una figura de un joven hecha de luz, con el hábito blanco resplandeciente, con mangas largas y cinturón.

Era el mismo ángel que había hablado con María. Tenía puesta sobre su pecho la mano izquierda y alzada la derecha. No tenía alas. Todo el paisaje alrededor estaba iluminado por la luz que emanaba del ángel. Después el ángel habló a los pastores para tranquilizarlos, con voces claras, amigas y solemnes; habló con ellos en su lengua. Dos veces indicó con la mano derecha hacia el lado izquierdo. Cuando terminó de hablar aparecieron a su alrededor otros muchos ángeles, también luminosos y sobre espléndidas nubes; juntos entonaron un canto maravilloso que los pastores escucharon con gran atención, y luego, la comitiva celestial desapareció. Los pastores discutieron entre ellos y después se pusieron en marcha hacia Belén...

También, en este caso, la narración disiente en algunos particulares, de la más conocida de los Evangelios.

En nuestra pequeña galería de místicos, que han vivido experiencias angelicales, se merece un puesto de excepción Emmanuel Swedenborg, por tres motivos:

— Porque no se trataba de una «alma simple», sino de un hombre dotado de una cultura excepcional, un auténtico intelectual y además un científico de gran relieve.
— Porque pertenecía a la Iglesia protestante que, a causa de su propia impostación rígidamente unida a la Biblia, siempre ha sido extremadamente desconfiada frente a las experiencias místicas que considera como desviaciones potenciales individualistas frente a las palabras escritas.
— Porque las visiones de este hombre no tuvieron un carácter episódico sino que, a partir de un cierto momento de su vida, duraron ininterrumpidamente durante decenios, dando lugar a una cantidad de informaciones sobre el más allá verdaderamente imponente.

Swedenborg nació en Estocolmo en el año 1688; era hijo de un obispo de la Iglesia luterana y recibió una formación religiosa muy profunda. De todos modos, su fe permaneció durante muchos años dormida, como una adhesión puramente mental y no íntimamente partícipe de determinados principios teológicos. Sus principales intereses, cultivados en la Universidad de Uppsala, fueron la literatura, las lenguas y la música. Estuvo en Londres, luego en Holanda y después en París donde empezó a sentirse atraído por las ciencias y tuvo el privilegio de estudiar con los mayores científicos de aquellos tiempos, entre los cuales se encontraban Newton y Halley. Volvió a Suecia a la edad de veintiséis años, con una formidable cultura técnico-científica, y fue acogido como un gran científico por el rey Carlos III que le confió un importante trabajo en el campo minero y le consintió que realizara algunos de sus muchos proyectos. Entre ellos podían encontrarse: bombas, grúas, instalaciones mineras, estructuras militares para la defensa del país, diseños de submarinos y de coches voladores. Fue también un precursor de la teoría del magnetismo y padre de la cristalografía.

El amplio abanico de sus intereses le convirtió en una especie de Leonardo da Vinci de la edad moderna.

Durante cuarenta años trabajó apasionadamente en estos campos; escribió más de ciento cincuenta obras científicas, inventó, experimentó y viajó por toda Europa donde contactó con los mayores científicos contemporáneos. Su actividad científica se vio marcada por un enfoque mecanístico, aunque templada por una concepción espiritual del cosmos y de la vida.

A la edad de cincuenta y seis años sufrió un profundo cambio.

El principal objeto de sus intereses como científico se había convertido gradualmente en la psique humana. Para estudiarla empezó por analizar sistemáticamente sus propios sueños que cada vez se convertían en más insólitos y misteriosos hasta transformarse en verdaderas y propias visiones. Swedenborg empezó, pues, a frecuentar habitualmente las dimensiones inquietantes del mundo espiritual. Mientras estudiaba a fondo la Biblia, recogía las experiencias vividas en sus viajes místicos y las revelaciones recibidas. Todo ello constituía el contenido de más de cuarenta escritos, casi todos en latín, que le aseguraron una vasta difusión en los ambientes místicos y teológicos de toda Europa.

Entre sus principales obras destacan: *Memorabilia* (es decir, «El espíritu del mundo descubierto»), *Arcana coelestia*, *De cultu et amore Dei*, *Diario espiritual*.

Se trata de textos que influyeron a poetas como Blake y Goethe, filósofos como Kant y psicólogos como Jung.

Después de su muerte en Londres en el año 1772, un grupo de discípulos suyos fundó la Iglesia de la Nueva Jerusalén, formada por una serie de pequeñas comunidades swedenborgianas, todavía existentes en el continente europeo.

En sus textos Swedenborg narra cómo sus viajes a través del invisible lo llevaron a contactar directamente con Dios, con Cristo y con los ángeles.

En condiciones normales, afirma, no es posible ver a los ángeles y a los espíritus, porque al poseer un cuerpo inmaterial los rayos luminosos no se reflejan y esto no permite que se hagan visibles. De todos modos, nosotros conseguimos verlos cuando ellos asumen temporalmente un cuerpo material o si nosotros conseguimos abrir nuestro ojo interior o espiritual.

Swedenborg empezó a moverse continuamente del mundo material al ultraterrenal. De este último dejó una descripción minuciosa, gracias a la escritura automática a la que estaba sometido, es decir, las comunicaciones espirituales tenían lugar a través de los pensamientos, que llegaban a su mente de forma imprevista, como rayos. En una de sus obras[18] afirma que los ángeles poseen una forma humana perfecta y que «están rodeados de una luz que supera en mucho la luz del mundo a mediodía. Tienen cara, ojos, orejas, pecho, brazos, manos y pies. Se ven entre ellos, entienden y conversan; en una palabra, no les falta absolutamente nada de lo que tienen los hombres, aparte del hecho de que no están revestidos de un cuerpo material.

»El hombre no puede ver a los ángeles con los ojos de su cuerpo, pero puede verlos con los ojos de su espíritu puesto que el espíritu participa del mundo espiritual, mientras que el cuerpo forma parte del mundo material».

Los ángeles son agentes de Dios y, por ellos mismos, no poseen ningún poder. «Por esta razón no se inscribe ningún mérito a los ángeles, puesto que son contrarios a cualquier elogio sobre lo que hacen, atribuyendo cada alabanza y cada gloria al Señor.»

Swedenborg tuvo visiones sobre el destino de los hombres cuando mueren: la muerte no conduce a una situación definitiva, sino que abre un proceso de transición que se desarrolla a través de tres etapas sucesivas.

[18] E. Swedenborg, *Cielo e inferno*, Ed. Mediterranee, Roma, 1988.

Cuando llega al más allá, el individuo es recibido por espíritus que, dejándole plena libertad, lo ayudan a entrar en la nueva dimensión, transmitiéndole un sentimiento de amor universal. Es curioso comprobar que esta función de recibimiento ha sido también revelada actualmente, con las experiencias de premuerte de las que hablan Moody y los demás investigadores del NDE (véase el capítulo titulado «Los ángeles, de la vida a la vida»).

En la primera etapa, bastante breve, el individuo es recibido en el mundo de los muertos y tiene la posibilidad de convertirse plenamente en sí mismo, siguiendo con libertad su propia vocación y las propias pulsaciones: podríamos decir, usando la terminología contemporánea, que pasa de la condición de «yo» a la de «sí» transpersonal.

Basándose en sus propias y libres elecciones, escogidas en la primera etapa, el individuo pasa a la segunda en la que se analiza qué ha escogido, el bien o el mal; a continuación se le destina hacia una sociedad angelical o infernal.

Dios, que es amor, no condena a nadie sino que simplemente acepta como buena la decisión personal, asumida con toda autonomía. De hecho, el principio del libre arbitrio provoca que el individuo pueda, si corresponde a sus deseos y a su profunda vocación, escoger el mal.

En la tercera etapa se castiga la elección y luego se asigna el destino definitivo del alma.

Los ángeles no han existido desde el principio de los tiempos porque no son más que hombres transformados y convertidos en ángeles. «Viven entre ellos como hombres de la tierra, tienen incluso vestidos, domicilios y otras cosas parecidas, pero con la diferencia de que en su casa todo es perfecto porque viven en un estado más perfecto. En efecto, igual que la sabiduría angélica supera a la humana a un nivel tal que se la llama inefable, lo mismo sucede con todas las cosas que perciben los ángeles y que se les aparecen, porque todas corresponden a su sabiduría.

»Los hábitos que recubren a los ángeles [...] se corresponden con su inteligencia; y puesto que uno supera al otro en inteligencia, resulta que los vestidos de uno son más bonitos que los del otro. El más inteligente tiene vestidos resplandecientes como las llamas, otros luminosos como la luz. El menos inteligente tiene vestidos blancos sin resplandor, y los que todavía son menos inteligentes tienen vestidos de distintos colores. Pero los ángeles del cielo íntimo están desnudos; y esto sucede porque se encuentran en la inocencia, y la inocencia se corresponde con la desnudez».

Swedenborg describe las funciones angelicales tal como sigue:

«Desarrollando con amor su propia tarea, cada ángel manifiesta el grado de su amor por el prójimo y, en consecuencia, por el Señor, porque todo procede del Señor. Las sociedades de ángeles en el cielo se diferencian por las actividades y por los usos. Existen sociedades que se ocupan de los niños pequeños; otras los instruyen cuando crecen; otras se ocupan de los simples y los buenos... y los conducen hacia el cielo; otros protegen contra las manifestaciones de los espíritus malvados [...] Algunos ángeles se ocupan de los espíritus que aún viven en la tierra; otros, de los que se encuentran en el infierno actuando de moderadores para que no se atormenten recíprocamente más allá de los límites prescritos [...].

»Quien no ha vivido la paz del cielo no puede comprender la paz en la que se encuentran los ángeles. Mientras el hombre vive en el cuerpo, no puede entender esta paz porque el conocimiento humano está ligado a las cosas naturales. Quien quiere entenderla debe elevar su pensamiento y alejarlo del cuerpo hasta que este llega al lado de los ángeles. Puesto que yo he experimentado precisamente de esta manera la paz del cielo, puedo describirla —pero no como es, porque las palabras humanas no son suficientes— sino sólo a través de la comparación con la paz espiritual de aquellos de quien se dice que están contentos en Dios.

»La sabiduría de los ángeles no puede ser descrita con las palabras, sino sólo ilustrada con algún ejemplo. Los ángeles pueden exprimir con una única palabra lo que los hombres no pueden exprimir con mil palabras; además, en una sola palabra angelical se encuentran encerradas innumerables cosas que no pueden ser expresadas con las palabras de la lengua humana [...] Los ángeles pueden exprimir en pocas palabras las cosas escritas en un volumen y entienden con pocas palabras la vida entera de quien habla [...].

»Los ángeles se perfeccionan continuamente en sabiduría y pueden serlo para toda la eternidad puesto que la sabiduría divina es infinita, mientras que la de los ángeles es finita. Y entre infinito y finito no existe relación.»

De estas afirmaciones se deduce que, parecido al mundo en el que vivimos nuestra vida terrenal, también el «otro mundo» es una realidad no estática o inmóvil, sino dinámica, en continua evolución y donde cada ser tiene la oportunidad de continuar perfeccionándose y enriqueciéndose de dotes espirituales e intelectuales.

En lo que respecta a los ángeles de la guarda, que asisten a los hombres en vida, Swedenborg afirma: «Ángeles de todas las sociedades se envían a los hombres para salvaguardarlos de los pensamientos y deseos equivocados. Si estos les reciben libremente, les envían buenos sentimientos que les ayudan a alejar las malas intenciones. Todas estas funciones pertenecen al Señor, pero a veces las desarrollan los ángeles, puesto que los ángeles no lo hacen por sí mismos, sino basándose en las órdenes divinas».

Swedenborg sostiene que existe una continuidad entre el mundo terrenal y el ultraterrenal; el hombre es un ciudadano de la tierra, pero también es, al menos en términos de posibilidad, ciudadano del cielo: «Es necesario saber que cada hombre nace para el cielo y que se le acepta si en el mundo acoge en sí al cielo; pero a quien no lo acoge, se le excluye».

Los ángeles de la gente corriente

Hemos recopilado las narraciones de experiencias angélicas en dos capítulos distintos por un motivo exclusivamente práctico.

No nos corresponde a nosotros decidir a quién debe incluirse entre las grandes almas y a quién entre la «gente corriente».

Una persona que a través de nuestra mirada miope y limitada puede parecernos una persona ordinaria, quizás a los ojos de Dios se trata de un ser extraordinario. Los ángeles y los iluminados eran todos, en un cierto sentido, «gente corriente»; pero se han convertido en grandes almas gracias a sus virtudes morales o, todavía más, han sido escogidos para convertirse en tales por un inescrutable designio divino.

Por otra parte, Jesús no ha exaltado nunca a los reyes, a los más poderosos, a los grandes sacerdotes o a los doctores. Al contrario, normalmente estos han sido objeto de sus burlas y de su condena; los ha juzgado no por lo que eran, sino por lo que hacían.

En cambio Él ha ensalzado (reléase el «Discurso en la montaña») a los que son pobres de espíritu, a los afligidos, a los mansos, a los puros de corazón, a los portadores de paz...

Así pues, con el término «gente corriente», queremos referirnos a quienes viven de forma ordinaria y se encuentran inmersos en lo cotidiano, en la pasión, en las miserias; a quienes trabajan normalmente, tienen familia, no se sienten empujados irresistiblemente por vocaciones místicas particulares, ni se han planteado nunca retirarse a un convento y que aprecian la calidad de lo concreto que posee la vida y el cariño de todos los días.

Entre estas personas se encuentran los creyentes, los convencidos o los tibios, pero también los indiferentes e incluso los ateos. Algunos han tenido reiteradas experiencias de encuentros con los ángeles, otros un único episodio en toda su vida, quizá incluso insignificante.

Muchos de ellos, al explicar su testimonio a los investigadores y a los estudiosos, pretenden que no se dé a conocer su verdadero nombre. No existe, pues, exhibicionismo, sino más bien preocupación por no aparecer como «extraños» en su vida privada y sobre todo en el trabajo, puesto que esto podría aislarles y perjudicarles.

A estas personas, que temen por encima de todo la incredulidad y el sarcasmo de los demás, no les interesa ser creídos o no: la experiencia que han vivido les sirve sobre todo a ellos mismos porque están convencidos de lo que han vivido y de lo que les ha cambiado su vida, su concepción del mundo, su relación con los demás. No hay lugar para la euforia o la exaltación, sino más bien una sensación de serenidad y de seguridad ante el futuro.

Normalmente, quien se ha beneficiado de uno de estos encuentros tiende en un primer momento a considerarlo una simple coincidencia; sólo más tarde empieza a tener dudas.

Cualquier persona puede tener una aparición angelical, incluso puede sucederle a los distraídos o a los superficiales; pero seguramente es más fácil que se manifieste a quien ya posee una predisposición espiritual o un espontáneo interés por las cosas celestiales.

Además, en la mayoría de los casos, la intervención socorrista llega después de una explícita demanda expresada a través de las oraciones.

Por otra parte, no se ha dicho que quien no ha visto nunca a los ángeles sea peor en términos espirituales, o que tenga menos fe, o que rece con menos fervor. Como dice la Biblia: «El viento [es decir el espíritu] sopla donde quiere» (Juan 3, 8).

Queda claro que la ayuda del ángel no alcanza a aquellos que infringen las leyes de la naturaleza y las de los hombres.

Los ángeles, como ya sabemos, pueden manifestarse de distintas formas: en su estilo clásico, inmortalizado por los pintores, llenos de alas y de aureolas; bastante más a menudo como esferas o aglomeraciones de luz; a veces como una persona cualquiera que se encuentra por la calle, o también con formas de animales, en cuyo caso es difícil reconocer a simple vista la experiencia sobrenatural.

Esto sucede cuando los ángeles deciden dejarse ver. Pero la mayoría de las veces permanecen invisibles y entonces se manifiestan a través del pensamiento o con intuiciones, voces, cantos, escritura automática, impulsos irresistibles a actuar, intervenciones físicas a través de campos de fuerza que modifican más o menos repentinamente situaciones preexistentes, incluso aparatos técnicos.

En todos los casos se tiene la sensación de que hay alguien que te está cuidando, se percibe una «presencia».

No siempre nos encontramos frente a manifestaciones escenográficas, dramática o visiones excepcionales. A veces se trata de hechos minúsculos pero significativos, de historias simples en las que algunos podrían ver sólo meras coincidencias, allí donde Jung hablaría más apropiadamente de sincronicidades.

Normalmente las intervenciones de los ángeles tienen como objeto salvar la vida o al menos ayudar en situaciones dramáticas.

Y es entonces cuando surge espontáneamente la pregunta: ¿por qué unos sí y otros no?

No estamos capacitados para dar una respuesta. Quizá podría hablarse del *karma*, del hecho de que cada uno de nosotros tiene una tarea asignada y que, hasta que no la ha cumplido, no puede y no debe abandonar este nivel de la existencia.

Referimos, a veces de forma sintética, algunas historias particularmente significativas, recogidas por los distintos investigadores[19], que hablan de intervenciones angelicales.

1. Es una historia que se remonta al 1941, en plena guerra mundial.

Donovan C. vivía en un barrio de Londres, que en aquella época se veía sometida cada noche a incesantes bombardeos por parte de la aviación alemana.

Donovan había transformado, en la medida de lo posible, una habitación de la primera planta de su vivienda en un refugio antiaéreo, con palos de sostén y sacos de arena, donde dormía con su mujer.

Una noche dijo a su esposa: «Habrá un poco de confusión esta noche aquí, pero nosotros estaremos seguros, por eso no tienes que preocuparte. Veo un ángel encima de nuestra casa que nos protege».

Se fueron a dormir y hacia las dos de la madrugada les despertó el fragor de una gran explosión que procedía de arriba, exactamente de encima de

[19] Las historias numeradas de la 1 a la 9 se han extraído de *Angelicustodi* de H. Price, Ed. Armenia, Milán, 1994; de la 10 a la 16 de *Là, dove camminano gli angeli* de J. W. Anderson, Ed. Sonzogno, Milán, 1995; de la 17 a la 20 de *Il libro degli Angeli* de S. Burnham, Ed. Corbaccio, Milán, 1995; la 21 y la 22 de *Angeli* de P. Giovetti, Ed. Mediterranee, Roma, 1995; la 23 de *Inchiesta sull' esistenza degli Angeli custodi* de P. Jovanovic, Ed. Piemme, Casale M., 1995, y por último, las tres últimas historias forman parte de las experiencias recogidas por el autor.

la casa. A pesar del fuerte desplazamiento de aire, la casa no sufrió ningún daño. Donovan exclamó: «Ya ha terminado todo. Ya no tenemos nada que temer». Y volvieron a la cama. A la mañana siguiente los despertó el policía del barrio, que les dijo: «Verdaderamente habéis sido muy afortunados esta noche. Una bomba con paracaídas estaba cayendo exactamente encima de vuestra casa y ha explotado en el aire».

2. Muchas de las intervenciones de los ángeles benefician a los automovilistas y tienen como escenario la carretera. No es de extrañar, puesto que, con el aumento constante del tráfico, es el lugar donde se presentan la mayoría de ocasiones peligrosas.

Tina S., una joven madre y enfermera a media jornada, conducía sola dirigiéndose hacia su casa.

Mientras conducía, oyó de repente una voz que le decía: «¡Stop!» Su sorpresa fue tan grande que frenó instintivamente y, casi en el mismo momento, apareció de repente, en la siguiente curva y en sentido contrario, otro coche.

Evitó el golpe sólo porque se paró a causa de la advertencia. El conductor consiguió controlar de nuevo su coche y volvió a su carril antes de llegar a la altura del coche de Tina.

3. Dos casos muy similares tienen también como protagonistas a dos automovilistas que conducían solos y de madrugada, y a causa del cansancio empezaban a dormirse.

En las dos situaciones los despertó de improviso una voz muy fuerte que provenía del interior del coche y que hablaba con gran claridad.

En uno de los dos casos la voz dijo: «¡Despiértate!», y en el otro caso dijo: «¡Cuidado!» En los dos casos la advertencia sirvió para evitar el accidente.

4. Alan y Susan W. se iban de vacaciones con una caravana. Habían recorrido poco más de una milla cuando oyeron un gran rumor y, mirando hacia atrás, se dieron cuenta de que la caravana estaba completamente doblada hacia un lado; descubrieron con horror que los tornillos de una rueda habían saltado y que esta se había encastrado debajo del remolque. Desengancharon el coche y empezaron a buscar ayuda.

Mientras Alan telefoneaba a un taller, Susan volvió a la caravana para tomar las medidas de la rueda. Durante todo el camino fue rogando: «Señor, por favor te lo ruego, ¡ayúdanos!»

Cuando llegó delante de la caravana, vio un ángel sentado sobre el techo y que con la mirada sonriente la tranquilizaba.

Enseguida tuvieron lugar una sucesión de acontecimientos que Susan define como «pequeñas coincidencias de Dios».

Habían pasado pocos minutos cuando inesperadamente llegó un amigo que pasaba casualmente por allí y que se paró para echar una mano. Se necesitaba un coche grande para mover la caravana del terraplén en el que se había acomodado. El taller más cercano se encontraba bastante lejos pero el amigo se acordó de que precisamente esa mañana se había cruzado a un conocido a bordo de una furgoneta; salió enseguida en su busca y lo encontró casi de inmediato. De esta forma fue posible poner de nuevo la caravana sobre la carretera. Pero se presentaba otro problema: encontrar los tornillos de la medida justa, cosa muy difícil porque se trataba de un modelo de caravana antiguo; sin embargo, la primera persona a la que llamaron sabía dónde encontrarlos. Así, aunque con algunas horas de retraso, pudieron emprender su viaje de vacaciones, alegremente y con la seguridad de que todas las dificultades podrían ser superadas.

5. Durante una tormenta de nieve Elsie H. conducía hacia su casa. La acompañaban en el coche su anciano padre y unos amigos suyos. A causa de la dificultad de conducir en esas condiciones, Elsie se equivocó en una curva y se encontró de repente conduciendo por una carretera de montaña. Puesto que sabía que aquel camino se habría puesto cada vez más difícil bajo la tormenta pensó que no era prudente continuar. La seguían otros dos coches y cuando empezó a girar para invertir la marcha, los dos la siguieron hasta que llegaron a un cruce.

> *¡Tenía que tomar una decisión! ¿Qué era mejor, volver atrás o correr el riesgo de tomar la carretera hacia la izquierda, el lado que no conocía? Sabía que si no salíamos lo más deprisa posible de aquel camino nos habríamos encontrado con dificultades.*
> *Dije en voz alta: «¡Necesitaríamos un quitanieves!» No había acabado de pronunciar la frase cuando de nuestra derecha apareció un gran quitanieves de color amarillo. El conductor nos preguntó dónde queríamos ir y nos invitó a seguirlo. Nos metimos todos por el camino de la izquierda, mientras la pequeña comitiva parecía encontrarse en una furgoneta, también amarilla, que parecía que protegía nuestro viaje, por si patinábamos sobre la nieve resbaladiza. Cuando al final llegamos a la carretera principal me di cuenta de que me encontraba*

en la dirección correcta y sobre el carril, limpio de nieve, ya se podía circular sin peligro. Cuando iba a agradecerles la ayuda, los conductores de los dos vehículos que me habían seguido hasta la salvación, habían desaparecido. La carretera se extendía recta a derecha y a izquierda por unos metros pero no se les veía por ningún lado. Pregunté a los demás si alguno de entre ellos había visto cómo se alejaban los coches, pero nadie había visto que se habían ido. Simplemente se habían desvanecido en el aire.

6. Un médico, el doctor John G., volvía a su casa en coche después de una noche de trabajo muy larga, atravesando una espesa niebla con una visibilidad inferior a los dos metros. Conocía muy bien la carretera, pero a menudo debía pararse para averiguar, a partir de un mínimo detalle, dónde se encontraba exactamente. Más o menos a mitad del recorrido se dio cuenta, con horror, de que estaba conduciendo en contradirección.

Casi simultáneamente percibió una «presencia» a su lado.

Mis ojos estaban fijos en la carretera, preocupado por volver lo más pronto posible al carril correcto—cuenta el doctor—pero el pánico me abandonó y sentí una sensación de calma sorprendente. Conseguí situarme en el carril correcto sin que durante ese tiempo aparecieran vehículos por el lado opuesto. Cuando finalmente llegué a casa y le expliqué la experiencia a mi mujer ella exclamó: «Oh, Fiona [su hija de siete años] estaba rezando para que tu viaje de retorno pudiera desarrollarse sin peligro». Juntos calculamos que la «presencia» angelical se había verificado exactamente en el mismo momento en el que Fiona estaba rezando.

7. Kerry C., una joven ama de casa, hacía poco que había sido madre de una niña y estaba empezando a familiarizarse con una serie de situaciones nuevas, como por ejemplo ir a comprar con el cochecito.

«Estaba fuera con una amiga —explica— y me detuve a mirar el escaparate de una tienda, abandonando por un momento el cochecito cargado con la compra y con la niña que dormía.

»Ya os podéis imaginar mi horror cuando, al darme la vuelta, descubrí el cochecito que había llegado a pocos centímetros del borde de la acera y estaba a punto de rodar por una calle muy transitada.»

No se veía a ningún transeúnte y Kerry intentó desesperadamente seguir al cochecito; permaneció desconcertada al ver que un hombre alto, con un abrigo marrón, aparecía de improviso exactamente delante del cochecito y lo detenía. Sus primeras palabras después del susto fueron: «¡Qué Dios sea alabado!» El hombre replicó dulcemente: «¡Sí, verdaderamente!» Kerry añadió: «Me acuerdo que esperaba recibir un áspero reproche por mi descuido, pero no sucedió así. Me volví hacia mi amiga durante un segundo temblando de alivio y de alegría. Cuando me giré de nuevo el hombre ya no estaba. Miré a mi alrededor pero había desaparecido».

8. La señora Dorothy F. vivía en una calle que había sido invadida por drogadictos y traficantes, y que se había convertido en peligrosa para las personas ancianas, sobre todo si salían después del crepúsculo.

Una noche, sintiéndose inquieta, Dorothy decidió dejar encendida la luz de la entrada de la casa, pero oyó al Señor que le hablaba: «¿No crees en mí, hija mía?» «Claro que creo en ti» respondió y fue a apagar la luz. «Entonces vi, exactamente en el umbral de la casa, a dos ángeles, de más de tres metros, situados uno a cada lado de la entrada. Rezando dije: "¡Cualquiera que intentase entrar, Señor, se quedaría aterrorizado y escaparía!".» Esta es la protección que se promete en el Salmo 34: «Acampa el ángel de Yahvé en derredor de los que le temen y los salva».

9. Joan E., y su madre estaban pasando unos días en Cornovaglia. En aquella ocasión visitaron la «Capilla del ermitaño», una capilla muy pequeña situada en un promontorio.

Se estaban acercando, caminando por encima de la alta hierba, cuando oyeron con sorpresa un canto muy dulce que provenía del edificio. Escucharon durante un rato hasta que salieron de dentro dos personas.

Joan explica:

Les preguntamos sobre el canto y si se estaba celebrando alguna misa. ¡Pero nos respondieron que dentro no había nadie! Más tarde telefoneamos al párroco local para explicarle nuestra experiencia. No le sorprendió para nada puesto que nos dijo que cantos parecidos a los que nosotros oímos ya se habían oído en otras ocasiones. Esto nos convenció de que de verdad habíamos oído a los ángeles; para nosotros será siempre una experiencia maravillosa y única.

10. David M. debía desplazarse a Texas, en Carolina del Norte, y aceptó muy agradecido la oferta de un amigo, Henry, que se ofreció a acompañarlo con su Cessna 180. Era la primera vez que David subía en un avión turístico, pero enseguida se ambientó, disfrutando del vuelo y del panorama que se extendía por debajo de ellos.

Pero mientras sobrevolaban Greenville, en Carolina del Sur, la niebla que hasta el momento había sido poco densa, se transformó en una masa cada vez más espesa, hasta convertirse en un verdadero muro blanco. Henry, preocupado, contactó a través de la radio con el aeropuerto de Asheville para que le dieran instrucciones.

«La pista está cerrada a causa de la niebla —le respondió el controlador aéreo— y no estamos preparados para aterrizajes con mandos de vuelo instrumentales. Volved a Greenville y aterrizad allí.»

«Pero es que no podemos —le contestó el piloto— casi hemos terminado el carburante, no tenemos suficiente para volver a Greenville.» Después de unos pocos segundos de silencio, la voz de la radio volvió a hablar: «De acuerdo, ahora preparamos al personal de tierra. Pueden emprender la maniobra de aterrizaje de emergencia».

Estaban volando a través de una densa cobertura gris y la torre de control de Asheville no podía verlos de ninguna manera. ¿Cómo aterrizarían? Después de haber dado una mirada a las cartas de navegación, el piloto inició el aterrizaje a ciegas. La pista tenía que encontrarse justamente debajo de ellos, pero ¿y si no estaba allí?

De pronto se oyó una voz a través de la radio que decía: «¡Recobrad altura, recobrad altura!»

Henry levantó inmediatamente el avión y lo que vio debajo de él lo hizo temblar literalmente: en lugar de la pista del aeropuerto estaban sobrevolando la autopista que un poco más adelante estaba atravesada por un puente contra el que seguramente habrían chocado. Con la aguja del carburante en el cero intentó descender de nuevo, pero rozó la cima de algunos árboles y tuvo que subir de nuevo. Parecía que no había nada más que hacer. Pero la radio volvió a hablar: «Descended ligeramente de altura. Ahora girad a la derecha. Descended aún un poco...» Aquel vuelo obsesionante no se acababa nunca. «Ahora subid de nuevo. Así no va bien, estáis demasiado a la izquierda...»

Henry seguía las instrucciones como un autómata. De repente la voz en la radio dijo: «Perfecto, estáis sobre la pista: ¡Aterrizad!»

El avión descendió aún lentamente hasta que no apareció la pista con las luces laterales encendidas.

Ya en tierra, Henry se dirigió hacia el controlador aéreo y le dijo: «Gracias, ¡nos ha salvado la vida!» La respuesta dejó a los dos hombres atónitos: «¿Qué está diciendo? Hemos perdido el contacto por radio después de haberle dicho que volviera a Greenville».

«¿Cómo?» replicó Henry incrédulo. «Así es —respondió el controlador— no les hemos oído más y tampoco hemos oído a nadie más. ¡Cuando les hemos visto aparecer a través de la niebla nos hemos quedado muy sorprendidos!»

11. Jean O. fue durante un fin de semana, con algunas amigas, cerca de un lago. Las amigas no sabían nadar y se pusieron a tomar el sol. En cambio, Jean se tiró al agua y se dirigió hacia el lago. Con una brazada detrás de la otra se fue alejando bastante de la orilla. De pronto sintió que le faltaba el aire y comprendió que no tenía suficientes fuerzas para volver a la orilla.

Le entró mucho miedo. La orilla parecía estar muy lejos y, a pesar de los gestos desesperados que hacía con los brazos, nadie se daba cuenta de ella. Su agitación iba en aumento, convirtiendo la situación en más complicada todavía de lo que era y Jean se dio cuenta de que podía ahogarse. Desesperada rogó: «¡Dios mío, ayúdame!»

De repente, un poco más lejos, descubrió una especie de boya y Jean se agarró a ella para recobrar el aliento. Pero su problema no estaba resuelto. ¿Cuánto habría podido resistir, agarrada así, en el agua fría, antes de que los demás se percataran de ella? Al cabo de un momento notó cómo se movían las aguas y apareció un joven que surcaba las olas con seguridad. Cuando estuvo más cerca el joven le dijo: «Hola, soy un inspector de seguridad y tengo la misión de salvar a quienes están en el agua. ¿Todo va bien?» «Estoy agotada —respondió Jean— y no conseguiré nunca volver sola hasta la orilla.» «En cambio yo creo que sí —replico el inspector— nadaré muy lentamente delante de ti y tú me seguirás hasta la orilla.» Jean se sintió animada, porque de todos modos, el chico habría podido ayudarla en cualquier momento. Sacó fuerzas de flaqueza y, brazada tras brazada llegó hasta la orilla, siempre siguiendo a su guía. En cuanto tocó tierra, dijo a sus amigas: «Casi me ahogo... si no hubiera sido por ese bañista...» «¿Qué bañista?» replicaron las amigas. Jean se giró pero no vio a nadie.

12. Bill X. había ido a las orillas del Big Bear Lake, en California, de vacaciones para acampar con su familia. Primero había leído la Biblia y rogado a Dios que los protegiera y luego había sacado unas cuantas fotografías del grupo alrededor del fuego. En pocos segundos la alegre tranquilidad se vio interrumpida por la llegada de seis gamberros en motocicletas que, con las armas en las manos, los intimidaron para que les dieran todo lo que tenían. Todos obedecieron, aterrorizados, dejando en el suelo los monederos.

San Miguel y la batalla del Paraíso, *xilografía de Alberto Durero*

Pero de repente los motociclistas se subieron a sus motos y, sin tocar nada, huyeron despavoridos. Desconcertada, la familia superó muy pronto el susto y transcurrieron felizmente sus vacaciones.

Al volver a casa Bill descubrió qué era lo que había asustado a los gamberros: al revelar las fotografías apareció la imagen de un ángel que vigilaba a la familia alrededor del fuego.

13. La pequeña Tess había jugado con una amiguita suya en un parque de Tennesee hasta que llegó la hora de cenar. Después de despedirse de su amiga, Tess cogió un atajo para volver a su casa.

Al acercarse a una pequeña acequia cogió empuje, como estaba acostumbrada a hacer, para saltarlo. Sus pies se separaron del suelo, pero la pequeña se sintió como agarrada por dos brazos invisibles que la volvieron hacia atrás y que la hicieron aterrizar en el mismo lugar de donde había saltado. Desconcertada, volvió a intentarlo, pero el fenómeno se repitió. Cada vez más confusa, Tess se acercó a la acequia para mirar más allá de la orilla y descubrió que, en el lugar donde habría aterrizado, se encontraba una serpiente de cascabel enroscada.

14. Una madre estaba paseando con su hija cuando la niña se paró a pocos pasos de un muro. La mujer intentó que volviera a caminar, pero la pequeña no se movía. De improviso se oyó un ruido ensordecedor: ¡El muro se había caído! Si hubieran continuado caminando, hubieran sido aplastadas por el muro. Pálida de miedo, la mujer preguntó a su hija por qué se había detenido exactamente en ese preciso momento. «Mamá, ¿no has visto a ese señor tan guapo vestido de blanco? Se ha puesto delante de mí y no me ha dejado pasar.»

15. A Corrie Boom le gusta explicar un hecho que se verificó durante una revolución en el Zaire, cuando los rebeldes avanzaron hacia una escuela en la que se encontraban muchos hijos de misioneros.

«Estaban decididos a matar tanto a los profesores como a los niños —escribió Corrie en uno de sus libros—. En el interior de la escuela conocían el peligro que les amenazaba y se pusieron a rezar.»

Súbitamente, cuando los rebeldes se encontraban ya muy cerca, sucedió algo extraño: los hombres dieron marcha atrás y escaparon corriendo. Lo mismo se verificó durante dos días consecutivos. Uno de los rebeldes, herido, fue ingresado en el hospital de la misión. El médico, mientras se ocupaba de curarle las heridas, le preguntó: «¿Por qué no habéis irrumpido en la escuela como teníais previsto?» «No hemos podido —fue su increíble respuesta—. Hemos visto a centenares de soldados con uniformes blancos y nos hemos asustado mucho.»

16. Andrew S. se había ido de caza con su amigo Joe. Él era un cazador experto que conocía todas las normas de seguridad y pensaba que su amigo también estaba preparado. Una de las reglas básicas es la de apuntar el fusil sólo contra lo que se quiere disparar y cuando dos cazadores caminan uno al lado del otro, el fusil debe mantenerse en dirección opuesta a la que se encuentra el compañero.

Pero Joe era un novato y no sabía estas cosas. Los dos estaban volviendo hacia el coche a través de un sendero escarpado.

«Es probable que en mí exista un conocimiento innato en lo que respecta a la seguridad —explica Andrew— y por eso, cuando Joe cambió de posición, sentí una extraña sensación. De hecho, me di cuenta de que tenía el fusil en el lado equivocado, con el cañón apuntando exactamente contra mi cabeza. Estaba a punto de pedirle que pusiera el arma en su lugar, como habría hecho en condiciones normales.»

Pero Andrew no tuvo tiempo porque sintió cómo resonaba en su cabeza una voz muy excitada que le decía: «¡Da enseguida dos pasos hacia delante!» Instintivamente él obedeció y acababa de hacer el segundo paso cuando un disparo se escapó del fusil de Joe, que fue a parar exactamente en el espacio en que, hasta un segundo antes, se encontraba el compañero.

17. Terri P., que vive en California, está absolutamente convencida de la existencia de los espíritus, o guías, como se les quiera llamar, porque ha experimentado repetidamente su presencia. Esto es lo que ella escribe:

> *Aparecen como sombras cargadas de electricidad y siempre están en movimiento. Consigo verlas sólo por la noche, pero siento su presencia también durante el día. El aire está cargado de una increíble electricidad. Poseemos un lazo de amor, de alivio y de seguridad. En tres ocasiones distintas he sentido incluso su abrazo, que no es como el de los seres humanos sino que se hace con todo el cuerpo; siento como un hormigueo y entonces una ola de puro amor eléctrico me recorre todo el cuerpo. Una noche estaba en la cama con las luces apagadas. Me acababa de acostar y no tenía nada de sueño.*

Al otro lado de la habitación vi un perfil gris más bien informe, como si estuviera formado por millones de moléculas en constante movimiento. Enseguida advertí su presencia.
Luego empezó a acercarse, volviéndose cada vez más clara.
Mientras atravesaba la habitación se puso casi a bailar alegremente por el aire, transmitiéndome mucha alegría. Yo la miraba fijamente y sentía una sensación de familiaridad con aquella presencia jovial que no había visto nunca.
Al final alcanzó un color blanco luminoso cada vez más grande y sentí que me acariciaban la cara. El hecho de que se encontrara a un par de centímetros de mi piel me incomodó un poco, lo mismo que sentiría si me encontrara a esa misma distancia de un ser humano.
Por esa razón me pasé la mano por la cara y dije: «No lo hagas.» Después de hablar sentí enseguida una descarga eléctrica sobre los labios, que duró tan sólo un segundo. Sólo sobre los labios. Luego, aquel resplandor blanco se echó hacia atrás y se volvió de un color gris pálido, para asumir después de nuevo el gris original y hacerse más pequeño hasta desaparecer. Esta experiencia no me ha asustado para nada, al contrario, me ha proporcionado la felicidad de poder vivir cosas similares.

18. Los encuentros con los ángeles, como ya se ha dicho y como, además, es obvio, no los tienen solamente personas que pertenecen a una religión en particular. Hemos visto experiencias que han vivido católicos y protestantes; esta es una experiencia narrada por una joven hebrea, Vicki I.:

Una noche del verano en que cumplí seis años estaba durmiendo. Me desperté y vi dos ángeles de pie delante del armario. No me asusté, pero por lo que recuerdo no tenían alas como normalmente nos los imaginamos. Eran dos hombres altos y hablaban en voz baja. Me acordaré siempre de esa bellísima noche.

19. Testimonio de Jane O.:

Cuando mi madre Sally era todavía una jovencita, se le apareció un ángel y una aureola de luz que le dijo: «Serán ochenta y dos en total». Durante toda su vida se estuvo preguntando qué significado tenían aquellas palabras y no las olvidó nunca sino que, al contrario, hablaba sobre ellas con frecuencia. Con el paso del tiempo empezamos a pensar

que ochenta y dos eran los años que iba a vivir; luego, cuando cumplió ochenta y dos nos pusimos a contar cualquier cosa, incluso los descendientes. Pero incluso ellos eran ochenta y tres y había dos que estaban a punto de nacer. Dos semanas antes de que cumpliera ochenta y tres años nació mi primera nieta. Se la llevaron el domingo y ella murió el martes siguiente después de haber cumplido los ochenta y tres años.
Soy yo la que me ocupo del archivo familiar y mientras elaboraba una lista con sus descendientes me quedé anonadada: ¡Dos de sus nietos eran adoptados! ¡Mi nieta era la número ochenta y dos, la última que mi madre conoció en vida!.

20. Explica Joretta M.:

He tenido muchas experiencias sobrenaturales en el curso de mi vida, pero una de las más significativas me sucedió recientemente. Un día del mes de agosto tenía que acabar de plantar los girasoles en la acequia que bordea la carretera que se encuentra frente a mis tierras y una amiga vino a ofrecerme un puesto en su coche para llegar hasta allí. Con las prisas olvidé quitarme de la cadena que llevaba al cuello dos colgantes de oro que aprecio mucho. Llegamos con el coche hasta el campo de girasoles y me puse a excavar. Hacía mucho calor. Cuando terminé de extraer las plantas, volvimos atrás y empezamos a descargarlas y trasplantarlas. De repente me di cuenta de que había perdido mis dos colgantes, y la cadena, pegada a la piel a causa del sudor, estaba rota. Me invadió un profundo sentimiento de pérdida. Busqué los colgantes inútilmente por toda la carretera, sobre el prado, en el coche... Le expliqué llorando a mi amiga que los había perdido y luego me puse a rezar en silencio para encontrarlos.
Se me apareció un espíritu guía que me dijo: «Vuelve al lugar donde estabas excavando. Vuelve al campo. Ten fe, yo te ayudaré». Cuando llegué me indicó el lugar exacto al que debía dirigirme y luego repitió: «Ten fe, Joretta». Después me dijo que diera cinco pasos hacia la izquierda. Yo lo hice, luego dejó de transmitirme indicaciones. Permanecí inmóvil durante un minuto y luego miré hacia abajo. ¡Allí estaba mi pequeña estrella de David con el borde esmaltado de color azul! Y a unos centímetros de allí también encontré mi pequeña cruz egipcia hecha a mano. Mientras el espíritu guía abandonaba mi cuerpo, fui sacudida por temblores y me sentía incapaz de moverme. Aquellos dos colgantes simbolizaban para mí como una especie de licenciatura después

de años de estudios espirituales. No conseguía hablar de tan llena como me encontraba de alegría indecible.
Cuando volví a casa coloqué rápidamente mis dos preciosos símbolos en su cajita. En aquel momento se me apareció el espíritu amigo que me dijo: «Los símbolos están bien, pero lo que cuenta de verdad es tu amor. No lo olvides jamás». Aquella noche tuve una visión, vi una enorme estrella de David sobre mi corazón.

21. Elisa es una joven señora de Roma que siempre ha sentido que los ángeles estaban cerca de ella y que incluso los ha visto: «Son altos, luminosos, hechos de pura luz... Desde que tengo memoria, antes de dormirme, veo a mi lado formas luminosas que me hablan dulcemente. Cuando era un adolescente empecé también a oír una voz que me hablaba y he escrito lo que me dictaba: me hablaba del cielo, del alma y de la muerte que es el pasaje a la otra vida».

«Los ángeles me empujan a despertar las conciencias y a dar a conocer los mensajes. Ellos invitan al amor, a la oración, al pensamiento positivo y necesitan nuestra colaboración. Su único objetivo es realizar el proyecto divino sobre la Tierra y, en el universo, crear armonía y equilibrio.»

Entre los muchos mensajes que ha recibido de los ángeles, a Elisa le gusta citar uno en particular del año 1985: «El momento es bastante crítico, no hay tiempo que perder. Hemos venido para salvar vuestro planeta y necesitamos a todos los voluntarios. Dentro de siete meses tendrá lugar un tremendo cataclismo...»

El cataclismo previsto por los ángeles fue el que ocurrió en la central nuclear de Chernobyl que, de hecho, tuvo lugar exactamente siete meses después de que Elisa recibiese el mensaje.

22. Findhorn es un pueblecito pesquero del norte de Escocia, que surge de un páramo arenoso, frío y azotado por los vientos. Exactamente de aquí ha salido uno de los jardines más bonitos y exuberantes en el que crecen plantas absolutamente inusitadas en aquellas latitudes, tanto por la variedad como por el vigor.

El mérito de todo esto parece ser que corresponde a los ángeles.

Aquí nació pues, de forma completamente casual hace diversos años, una pequeña comunidad formada por tres amigos: Dorothy MacLean, Eileen y Peter Caddy.

«Los ángeles —explica Dorothy— son seres que dan vida a la naturaleza y crean todo lo que en ella existe. Nunca me hubiera imaginado que fuera posible hablar con los ángeles y, de todos modos, esto ha sucedido y se ha desarrollado de tal manera que ha eliminado cualquier duda.»

En un cierto momento empezó a escribir mensajes bajo dictado.

«No sé quién es el que me dicta los mensajes —dice— pero sé que no es algo que está separado de mí, se trata de una voz que oigo en mi interior. Dice cosas que yo no sabría decir y me ayuda a encontrar respuestas satisfactorias a muchos problemas. Ahora estoy convencida de que todos podemos oír esta guía interior, sólo es necesario aprender a escuchar en silencio, con paz y confianza.»

Cuando los tres amigos se encontraron sin trabajo, intentaron plantar un huerto para alimentarse. Fue gracias a los consejos que recibía Dorothy a cada momento que les fue posible obtener esos resultados absolutamente extraordinarios. Además de las explicaciones prácticas, los ángeles le dijeron que eran campos de energía, la inteligencia que se encuentra en la base de cada especie, la fuerza y la energía que la hace crecer. También que eran la encarnación de la inteligencia creadora, vehículo de expresión de la vida a todos los niveles y que tenían como tarea promover la evolución.

Dorothy aprendió también que cada especie de la naturaleza posee sus propios ángeles y se pone en contacto con los de las plantas. «Los ángeles nos explicaron que las radiaciones que emana el jardinero contribuyen al crecimiento de las plantas, que las fuerzas emocionales del que se cuida del huerto pueden llegar a ser una verdadera nutrición para las plantas. Ciertas personas estimulan el crecimiento, otras lo frenan e incluso lo bloquean. Los jardines, nos repetían, necesitan amor y ternura, como los niños.»

A partir de aquel primer núcleo de personas se ha creado en Findhorn una pequeña comunidad que con los años ha ido creciendo y que se ha convertido en una escuela de la vida, donde se enseña y se demuestra, con el ejemplo, cuál tiene que ser la relación correcta con la naturaleza, con el prójimo y con lo trascendente.

Actualmente en Findhorn no se ocupan sólo de la agricultura, sino que afrontan también problemas concretos y espirituales, se hacen conferencias, cursos y seminarios, se publican libros y material informativo. Desde todo el mundo llegan al pueblecito escocés personas de buena voluntad, que aprenden cómo es posible vivir de forma sana, en armonía con la naturaleza, con los hombres y en sintonía con la dimensión espiritual.

23. Por aquel entonces Sheila tenía doce años y vivía en el estado de Washington. Estaba con unos amigos bañándose en la orilla de un río cuando decidió zambullirse. El punto que había escogido estaba muy tranquilo en la superficie, pero tenía seis metros de profundidad y sobre todo estaba movido por fuertes remolinos.

«Fui aspirada inmediatamente hacia el fondo —explicó— y luego empujada enseguida hacia la superficie. Veía a muchas personas que asustadas gritaban e intentaban lanzarme una rama desde la orilla, pero el torbellino me absorbió de nuevo. Cuando volví por tercera vez a la superficie, cada vez más débil a causa del esfuerzo, sentí que me atrapaba otra vez el remolino, pero esa vez me quedé como inmovilizada arriba, por encima del río y vi, a unos metros de mí, una luz rectangular que al mismo tiempo era brillante y dulce. Durante un momento olvidé el resto del mundo y sentí sólo una increíble sensación de euforia. Recuerdo haber intentado alcanzar aquella luz, pero me sentí empujada hasta la orilla antes de poder tocarla. Sé con toda seguridad que no me escapé del remolino nadando, fue la luz la que me cogió y me llevó hasta la orilla.»

24. Cinzia P. es una joven profesional, activa y dinámica, una de esas personas de las que se dice que son positivas y concretas. Trabaja en el ámbito de la publicidad y dirige su propio estudio. Cuida con habilidad y competencia directiva sus relaciones con importantes clientes. Hace ya algunos años, por cuestiones de trabajo, se trasladó a la provincia de Bolonia.

Había decidido vivir fuera de la ciudad y por eso alquilé una casa pequeña en los Apeninos, a unos cuantos quilómetros del centro. El lugar era muy bonito, sereno e inmerso en el verde de la montaña, y la tranquilidad que me rodeaba era favorable para mi creatividad y mi trabajo.
El único y verdadero problema era el aislamiento, puesto que por aquel entonces no disponía de coche. Me gustaba mucho la soledad pero me molestaban las dificultades que encontraba en los desplazamientos. Había sólo un autobús que, muy pocas veces al día, unía Bolonia con un pueblecito cercano a mi casa.
Vecino es decir mucho, porque para llegar hasta la parada tenía que recorrer un buen trecho a pie, además de dos quilómetros por un sendero de campo a través de prados y bosques. Un recorrido muy bonito y saludable que realizaba dos veces al día, casi siempre de noche porque estaba obligada a irme al alba y a volver a casa mucho después de la puesta del sol.
Se trataba de un camino que se encontraba siempre completamente desierto: durante los meses que viví allí me crucé, como mucho, con cuatro o cinco personas. La soledad es muy bonita, pero a veces puede in-

cluso darte miedo. Si por casualidad me hubiera encontrado con algún malintencionado o un grupo de necios, hubiera estado completamente a su merced: aunque hubiera gritado no me hubiera oído nadie. A medida que pasaba el tiempo me daba cuenta, cada vez más, de los peligros a los que me exponía continuamente y eso hacía aumentar mi miedo. Había empezado a recorrer cada día el mismo camino con un nudo en la boca y me sobresaltaba con cualquier mínimo rumor. La alegría que en un principio me había proporcionado el hecho de vivir sola había dado lugar a la angustia.

Una mañana de invierno, cuando todavía estaba todo oscuro, al salir de casa vi delante de mí un gran perro lobo que estaba quieto y me miraba. Me asusté pensando que podría saltarme encima, pero el perro no se movió de donde estaba sentado.

Como no tenía otra alternativa, lentamente y con pasos pequeños, intentando ser lo más natural posible e intentando demostrar que no tenía miedo, me metí en el sendero. De vez en cuando miraba hacia atrás. Después de unos pasos el perro también se volvió y empezó a seguirme a una distancia de algunos metros. Yo continuaba mirándolo, con el rabillo del ojo y muy preocupada, pero después de un rato me calmé porque comprendí que no tenía la intención de agredirme.

Aquella vez llegué a la parada del autobús casi sin darme cuenta, con el perro siempre detrás de mí a unos pasos de distancia. Cuando llegó el autobús subí de prisa y el perro se quedó sentado en el suelo mientras me observaba.

Durante una buena parte del día pensé en aquel extraño episodio pero después, absorbida por los problemas del trabajo, acabé olvidándolo. Por la noche cogí el autobús para volver a casa y cuando me bajé del autobús me encontré con el perro que me esperaba. Sorprendida, pero a la vez tranquilizada, como si hubiera encontrado a un amigo fiel, me puse en marcha. El perro me siguió hasta que al llegar a mi casa se fue. A la mañana siguiente estaba de nuevo allí y, durante todo el tiempo que permanecí en aquel lugar, me acompañó fielmente, de casa al autobús y viceversa. No se me acercó nunca mucho; a veces le daba algo de comer pero él no abandonaba nunca su reserva.

¿Qué podía pensar?

La verdad es que no sé por qué, pero soy una persona a quien no le gusta mucho fantasear. Pero entre nosotros se había establecido un intenso vínculo, un entendimiento sutil; con él a mi lado me sentía serena, segura, ya no tenía miedo. Me transmitía una especie de calor que no sé explicar.

25. Shohreh R., de origen iraní, vivía desde hacía mucho tiempo en Italia, en un gran centro balneario de la costa de Liguria, y estaba casada con un italiano. Se trasladó hace ya unos años desde Turín, como empujada por una voz que casi le impuso este nuevo destino en el que seguramente le esperaba algún trabajo específico, el cual, de momento, todavía no había conseguido descubrir.

Shohreh es, ante todo, una mujer activa que junto a su marido dirige dos grandes negocios de alfombras y que ejecuta con mucha seguridad su trabajo. Pero esto no le impide vivir una intensa vida espiritual. Dice que espíritus guías la acompañan siempre y con los que, a veces, entra en contacto cuando está meditando. Asegura que para poder obtener estos resultados es necesario tener una extrema limpieza personal, del cuerpo (sobre todo a través de una alimentación adecuada), de la mente y del alma. Afirma además que es esencial trabajar duro y de forma altruista puesto que no se debe sólo usar a las personas.

Siempre hay un intercambio, a veces material pero más a menudo moral y afectivo. Lo que se da a los demás vuelve siempre, quizá por otros caminos por donde no nos lo esperamos.

Los espíritus guía le comunican muy a menudo que debe estar atenta, a veces a través de apariciones imprevistas de dificultades; a continuación, durante la meditación, le explican el porqué. Este es la explicación de un episodio que le sucedió recientemente:

> *Tenía que ir a Turín y acababa apenas de entrar en la autopista. El día era espléndido: el cielo terso, el sol resplandeciente y soplaba una ligera brisa que mitigaba la temperatura. Se trataba de un viaje de trabajo, pero las circunstancias climáticas podían transformarlo en un paseo placentero. En cambio, en un cierto momento, el coche empezó a crearme problemas: el motor no respondía a mis órdenes.*
> *El rumor que salía del capó no es que fuera irregular, era el de siempre. Era sólo que, aunque yo apretaba repetidamente el acelerador, el coche no iba más rápido; al contrario, cada vez que apretaba el pedal, el coche disminuía de velocidad aunque el ritmo de circulación parecía normal. En mi vida como automovilista he experimentado muchas averías mecánicas, pero una cosa así no me había sucedido nunca. No sabía qué pensar.*
> *En la primera estación de servicio puse el intermitente y me paré. El mecánico, muy escrupuloso, estuvo más de veinte minutos examinando las distintas partes del coche: las bujías, el distribuidor del encendido y la bomba de la gasolina. Todo parecía funcionar a la perfección.*

Con aire desconsolado dio una última vuelta alrededor del coche y fue entonces cuando se fijó en el neumático posterior derecho. Estaba hinchado de forma correcta como todos los otros pero sobre un lado tenía un gran corte.
«Si hubiera hecho unos cuantos quilómetros más —me dijo el mecánico— le hubiera explotado la rueda ¡Quién sabe lo que le habría podido suceder!»
Hizo que me cambiaran la cubierta y me fui. En pocos quilómetros comprendí que el coche respondía perfectamente como siempre: un pequeño toque en el acelerador y el coche se aceleraba como siempre. Casi sin darme cuenta llegué a Turín.

26. Argentina R. vive en un pequeño pueblo en el centro de Italia. Desarrolla un trabajo que exige grandes dotes de equilibrio y de responsabilidad, ya que es enfermera en un hospital.

Es muy sensible. Desde pequeña percibe a su lado la presencia de un espíritu guía que la sostiene, le da indicaciones sobre la vida y le envía mensajes. Sin haber estudiado arte realiza dibujos muy buenos con un gran contenido simbólico que dice que se los inspiran: tiene dotes de vidente.

En la época del gran aluvión de 1994, poco antes de que tuviera lugar la desgracia, se sintió empujada a dibujar un puente hundido, en primer plano una lechuza y un rostro de mujer intenso y angustiado.

Tiene una hija de veinte años que posee sus mismas dotes.

«A veces —dice— se mueven los vasos, los platos, como si dijeran: "¡Estamos aquí!" y otros fenómenos análogos que a nosotras nos tranquilizan sobre su presencia.»

Cuando pierden algo y no consiguen encontrarlo piden ayuda a sus ángeles y lo encuentran rápidamente.

Cuando está en meditación puede sucederle que de repente se ponga a escribir de forma automática, siguiendo pasivamente la inspiración que le proporciona su ángel de la guarda.

Grafólogos expertos han examinado sus escritos y han revelado que, en estas ocasiones, la caligrafía presenta características absolutamente distintas con respecto a la suya, como si se tratara de la de otra persona.

Estos son algunos de los fragmentos de uno de los mensajes que Argentina ha recibido de su espíritu guía:

Aquí todo es posible, incluso ver cosas que ni siquiera te sería posible imaginar; esto sucede según el grado de desarrollo espiritual alcanza-

do. Existen diferencias incluso aquí, y muchas, pues hay visiones distintas que dependen del punto de evolución al cual se ha llegado. Y así, los mundos se convierten en millares, basándose en la fuerza del pensamiento y de deseo de cada uno. Aunque en realidad luego todo es Uno... En el momento en que tú hables, yo puedo estar aquí, pero también en otros lugares al mismo tiempo o simplemente inmerso en otras realidades: solamente un fragmento de mí está aquí y se comunica contigo.

Yo he vivido también en el nivel físico y material donde tú te encuentras ahora, hace ya mucho tiempo y en muchas vidas. También en otros mundos, mundos de pura energía donde la vida es distinta de como la concebís vosotros. Me preguntas sobre el sentido de estas vidas... Son más vitales que la tuya actual. Las cosas que han de aprenderse y llevarse a término son distintas. Solamente la percepción continúa igual en todos los niveles: el mismo significado está en todo y todo es Uno...

Vuestro Sol es una vía a otros estados del ser, se encuentra muy cerca de la energía que todo lo crea. Es igual que el Sol negro, o explotado, que es antimateria, y es también otra vía, aunque al revés. ¿Crees quizá que en la antimateria no hay nada o sólo destrucción? Hay creación pero los polos están invertidos y también está invertido el proceso...

La música es un modo de expresar en armonía una serie de datos que de otra manera resultarían desarmónicos. Pero también se trata de una forma de expresión de otras esferas. Incluso los planetas tocan, tienen su propia armonía y el Universo ha sido creado a partir del sonido. ¿Quizá piensas que la palabra no es armonía?... Si estudiarais los ritmos musicales de los planetas del sistema solar os acercaríais ya al lenguaje universal.

Pero no sólo tocan los planetas: también tú... Cada uno de nosotros emite notas, según lo que ha vivido. En el estadio en el que os encontráis, vosotros no podéis percibirlas, pero yo sí.

Deberíais percibir qué melodía tiene cada vida en sí misma. Incluso una flor o una piedra. Tú no crees que las piedras puedan vivir de vida y energía propia, pero en cambio es exactamente así: la Tierra es un ser vivo y lo demuestra muy a menudo, en particular cuando se revela a las mutaciones impuestas por el género humano.

Y existen incluso sonidos que vosotros no oís, colores que no veis: tú también tienes sonidos y colores que te son inaccesibles...

Recuerda: «No hay nada que esté separado de nada. Todo debe crecer junto al Todo».

Plegarias

Las oraciones dirigidas a los ángeles son muy numerosas. Están presentes principalmente en el ámbito de la cultura católica, tanto en la oficial como en la popular, debido al gran espacio que atribuye a las entidades intermediarias entre el hombre y Dios.

No se verifica lo mismo en el ámbito del protestantismo que, surgido en el siglo XVI con la intención primera de combatir las graves degeneraciones doctrinales y de costumbres presentes en aquel entonces en la Iglesia de Roma, intentó realizar sobre todo un retorno severo a la Biblia, como única revelación y autoridad.

En la Biblia, de hecho, se dice claramente que no debe adorarse a los ángeles, ni dirigirles oraciones ni rezar a través de ellos (véase, entre otras, la carta a los Colosenses 2, 18, y el Apocalipsis 22, 9), ya que el sacrificio de Cristo ha anulado todas las barreras y el hombre puede dirigirse directamente a Dios, el único autor de salvación y a quien solamente espera la gloria.

Esto no significa que la reforma protestante haya negado la existencia y la importancia de los ángeles; han sido reconocidos, en conformidad con las Escrituras, como mensajeros y ejecutores de la voluntad divina en lo que concierne a los hombres.

Lutero, hablando del más allá, afirmó: «Reposaremos sólo en Dios, tal como en esta vida dormimos dulcemente, bajo la protección de Dios y de los ángeles, sin temer al peligro».

Y Calvino dice: «En lo que se refiere a los ángeles... se les ha confiado la vigilancia y la protección del hombre pío. Pero ellos deben, como obediencia a Dios, ser solícitos con respecto a nuestra salvación y rezando para nosotros sólo cumplen su deber. Dios decreta que todos los ángeles asuman la protección de los justos».

La postura adoptada por los hebreos es sustancialmente análoga, y también la del islamismo.

En otras religiones, en relación con devas, fuerzas espirituales menores y entidades diversas, más que el uso de oraciones es posible encontrar el de los sacrificios.

La Iglesia cristiana usa también en general oraciones en las que se nombran a los ángeles, pero la invocación se dirige a Dios o a Jesús.

Vela, oh Señor, sobre todos aquellos que trabajan o lloran esta noche, y haz que tus ángeles vigilen a quienes duermen. Cura a los enfermos, Señor Jesús; da reposo al cansado, beneficios a los moribundos, consuela a los afligidos, ten piedad del que sufre y protege al que es feliz. Amén.

Tanto la Iglesia católica como la anglicana se acuerdan el 29 de septiembre de cada año del arcángel Miguel y con él de todos los ángeles.

En particular, la *Anglican Collet* contiene la siguiente oración:

Oh eterno Señor Dios,
que has dirigido y constituido el servicio de los ángeles
y de los hombres en un orden maravilloso;
haz en manera que, como los santos ángeles siempre te sirven en el cielo,
así en tu nombre puedan ayudarnos
y defendernos en la tierra.
Por Jesucristo, nuestro Señor. Amén.

Todas las Iglesias cristianas, además, apelan al Salmo 148, que se encuentra en la Biblia y del cual citamos sólo el segundo versículo:

Alabadle vosotros sus ángeles todos,
alabadle vosotros todos sus ejércitos.

Volviendo a la Iglesia católica, hemos de destacar la conocidísima oración que ha dedicado precisamente al ángel de la guarda:

Ángel de Dios,
que eres mi custodio,
ilumíname, custódiame,
sosténme y gobiérname,
que a ti me confió
la piedad celeste. Amén.

El volumen *¡Rezad, rezad, rezad!* (Ancona, 1995) dedica un capítulo entero a las oraciones dirigidas a los ángeles.

Contiene principalmente un ejercicio, que reveló el arcángel Miguel en persona a Antonia de Astonac en Portugal. Al aparecer el ángel dijo que quería ser venerado con nueve invocaciones, en recuerdo de los nueve coros de los ángeles. Cada invocación tenía que incluir el recuerdo de un coro angélico y el rezo de un Padrenuestro y de tres Avemarías. La corona angelical tenía que concluir con el rezo de cuatro Padrenuestros: el primero en su honor, los otros tres en honor de los arcángeles Gabriel y Rafael y de los ángeles de la guarda. El arcángel Miguel prometió incluso, a aquellos que lo habían venerado con la recitación de esta corona angelical antes de la Comunión, que obtendría de Dios que les acompañara en la sagrada cena un ángel de cada uno de los nueve coros. A quien la recitara cada día prometía la continua y particular asistencia suya y de todos los ángeles, durante la vida y, después de la muerte, en el purgatorio.

San Miguel arcángel, defiéndenos en la lucha,
para ser salvados del juicio final.

Primera invocación
Por la intersección de san Miguel y del celestial coro de los serafines, nos haga el Señor dignos de la llama de la caridad perfecta.

Segunda invocación
Por la intersección de san Miguel arcángel y del coro celestial de los querubines, quiera el Señor concedernos la gracia de abandonar la vida del pecado y correr hacia la de la perfección cristiana.

Tercera invocación
Por la intersección de san Miguel arcángel y del sagrado coro de los tronos, infunda el Señor en nuestros corazones el espíritu de verdadera y sincera humildad.

Cuarta invocación
Por la intersección de san Miguel y del coro celestial de las dominaciones, nos dé el Señor la gracia de dominar nuestros sentimientos y corregir las pasiones corruptas.

Quinta invocación
Por la intersección de san Miguel y del coro celestial de las potestades, quiera el Señor proteger nuestras almas de las insidias y tentaciones del demonio.

Sexta invocación
Por la intersección de san Miguel y del coro celestial de las admirables virtudes, no permita el Señor que caigamos en la tentación, sino que nos libere del mal.

Séptima invocación
Por la intersección de san Miguel y del coro celestial de los principados, llene Dios nuestras almas del espíritu de verdadera y sincera obediencia.

Octava invocación
Por la intersección de san Miguel y del coro celestial de los arcángeles, nos conceda el Señor el don de la perseverancia en la fe y en las buenas obras.

Novena invocación
Por la intersección de san Miguel y del coro celestial de todos los ángeles, quiera el Señor concedernos ser custodiados por ellos en la vida presente y luego introducidos en la gloria de los cielos.

Al final
Omnipotente, siempre eterno Dios, que con el prodigio de la bondad y la misericordia, para la salvación de los hombres has elegido como príncipe de tu Iglesia al glorioso san Miguel, concede, mediante tu benéfica protección, que seamos liberados de todos nuestros enemigos espirituales. Que en la hora de nuestra muerte no nos moleste nuestro antiguo adversario, sino que sea tu arcángel Miguel el que nos conduzca en presencia de tu divina Majestad.
Amén.

Existen oraciones para cada uno de los tres arcángeles.

San Miguel arcángel,
Defiéndenos en la lucha; se tú nuestro sostén contra la perfidia y las insidias del diablo, que Dios ejercite su dominio sobre él, te lo rogamos suplicándote; y tú, oh Príncipe de la milicia celestial, expulsa de nuevo con la potencia divina a Satanás y a los otros espíritus malignos al infierno, porque vagan por el mundo pervirtiendo a las almas. Amén.

Oh glorioso arcángel san Gabriel,
Yo condivido el gozo que experimentaste al ofrecerte, como mensajero celestial, a María, admiro el respeto con el que te presentaste a ella, la devoción con la que saludaste, el amor con el que, primero de entre los ángeles, adoraste al Verbo encarnado en su seno. Te ruego que me permitas obtener la posibilidad de repetir con tus mismos sentimientos el saludo que entonces dirigiste a María y obtener con el mismo amor los obsequios que entonces presentaste al Verbo hecho Hombre, con el rezo del Santo Rosario y del Algelus Domini. Amén

Oh glorioso arcángel san Rafael,
Que, después de haber custodiado celosamente al hijo de Tobías en su afortunado viaje, lo devolviste finalmente a sus padres sano y salvo, junto a una esposa digna de él, haznos de guía también a nosotros: supera las tormentas y los escollos de este mar agitado que es el mundo; que todos tus devotos puedan llegar felizmente al puerto de la beata eternidad. Amén.

Existe además una ***Invocación a los tres arcángeles:***

Glorioso arcángel Miguel,
príncipe de las milicias celestiales, defiéndenos contra todos nuestros enemigos visibles e invisibles y no permitas nunca que caigamos bajo su cruel tiranía.
San Gabriel arcángel,
tú que tan justamente recibes el nombre de la fuerza de Dios, puesto que has sido elegido para anunciar a María el misterio en el que el Omni-

potente tenía que manifestar maravillosamente la fuerza de su brazo, haznos conocer los tesoros encerrados en la persona del Hijo de Dios y sé nuestro mensajero frente a su santa Madre.
San Rafael arcángel,
guía caritativamente a los viajeros. Tú que, con la potencia divina, realizas curaciones milagrosas, dígnate a guiarnos durante nuestro peregrinaje terrenal y sugiérenos los verdaderos remedios que puedan curar a nuestras almas y a nuestros cuerpos. Amén.

Esta es una ***Invocación a los nueve coros de los arcángeles:***

Santísimos Ángeles,
velad sobre nosotros, en todas partes y siempre.
Noblísimos Arcángeles,
presentad a Dios nuestras plegarias y nuestros sacrificios.
Virtudes celestiales,
dadnos fuerza y coraje en las pruebas de la vida.
Potencias de lo alto,
defendednos contra los enemigos visibles e invisibles.
Soberanos principados,
gobernad nuestras almas y nuestros cuerpos.
Altísimas dominaciones,
reinad más sobre nuestra humanidad.
Tronos supremos,
traednos la paz.
Querubines llenos de celo,
disipad todas nuestras tinieblas.
Serafines llenos de amor,
encendednos de ardiente amor por el Señor.
Amén

A continuación un solemne ***Acto de consagración a san Miguel arcángel:***

Noble príncipe de las jerarquías angelicales, valeroso guerrero del Altísimo, amador celoso de la gloria del Señor, terror de los ángeles rebeldes, amor y delicia de todos los ángeles justos, mi deleitísimo arcángel san Miguel, deseando estar dentro del número de tus devotos y tus siervos, a ti, hoy, para tal me ofrezco, me doy y me consagro.

Pongo a mí mismo, a mi familia y a todo lo que me pertenece bajo tu potentísima protección.
Es pequeña la ofrenda de mi servicio, siendo yo un miserable pecador, pero tú aceptas el afecto de mi corazón.
Acuérdate de que si a partir de ahora me encuentro bajo tu patrocinio, tú tienes que asistirme durante toda mi vida, procurarme el perdón de mis muchos y graves pecados, la gracia de amar de corazón a mi Dios, a mi amado salvador Jesús y a mi dulce madre María, e impetrarme aquellas ayudas que necesito para llegar a la corona de la gloria.

Defiéndeme siempre de los enemigos de mi alma, especialmente en el punto extremo de mi vida.

Ven entonces, oh príncipe gloriosísimo, y asísteme en la última lucha y con tu potente arma aleja de mí, a los abismos del infierno, a aquel ángel prevaricador y soberbio, que postraste un día en el combate en el cielo. Amén.

Al ángel de la guarda, que se prepone a la guía y a la protección de cada ser humano, se le dedica una larga oración.

Benignísimo ángel,
mi custodio, tutor y maestro, mi guía y defensa, mi sapientísimo consejero y amigo fiel, a ti he sido recomendado, por la bondad del Señor, desde el día en que nací hasta la última hora de mi vida.
¡Cuántas reverencias te debo, sabiendo que estás en todas partes y siempre muy cerca!
¡Con cuánto reconocimiento debo agradecerte por el amor que nutres hacia mí, cuáles y cuántas confidencias para saberte mi asistente y defensor!
Enséñame, ángel santo, corrígeme, protégeme, guárdame y guíame por el recto y seguro camino hasta la Santa Ciudad de Dios.
No permitas que yo haga cosas que ofendan tu santidad y tu pureza.
Presenta mis deseos al Señor, ofrécele mis oraciones, muéstrale mis miserias e impétrame el remedio de ellas de su infinita bondad y de la maternal intersección de María Santísima, tu Reina.

Vigila mi sueño, sosténme cuando esté cansado, aguántame cuando esté a punto de caer, levántame cuando me caiga, indícame el camino cuando me pierda, anímame cuando decaiga mi ánimo, ilumíname cuando no vea, defiéndeme cuando luche y, especialmente en el último día de mi vida, hazme de escudo contra el demonio.
En la gracia de tu defensa y de tu guía, permíteme finalmente entrar en tu gloriosa demora, donde durante toda la eternidad pueda expresarte mi gratitud y glorificar junto a ti al Señor y a la Virgen María, Reina Tuya y mía.
Amén.

Abraham y los tres ángeles, ***grabado de Rembrandt***

Existe además un ***Acto de consagración al ángel de la guarda:***

¡Santo ángel de la guarda!
Desde el inicio de mi vida has sido mi protector y mi compañero.
Aquí, en presencia de mi Señor y mi Dios, de mi celestial Madre María y de todos los ángeles y los santos yo, pobre pecador [nombre...] me quiero consagrar a ti.
Quiero tomar tu mano y no abandonarla jamás.
Prometo ser siempre fiel y obediente a Dios y a la Santa Madre Iglesia.
Prometo profesarme siempre devoto a María, mi Señora, Reina y Madre y tomarla como modelo durante mi vida.
Prometo ser devoto también a ti, mi santo protector y propagar según mis fuerzas la devoción a los ángeles santos que se nos concede en estos días como presidio y auxilio en la lucha espiritual para la conquista del Reino de Dios.
Te ruego, santo ángel, que me concedas toda la fuerza del amor divino, para que yo me sienta fortalecido, toda la fuerza de la fe para que no caiga nunca jamás en el error.
Te pido que tu mano me defienda del enemigo.
Te pido la gracia de la humildad de María para que todos escapen de los peligros y, guiado por ti, alcance en el cielo la entrada de la Casa del Padre.
Amén.

Y también una ***Invocación al ángel de la guarda:***

Asísteme, santo ángel de la guarda, socorro en mis necesidades, consuelo en mis desaventuras, luz en mis tinieblas, protector en los peligros, inspirador de buenos pensamientos, intercesor por mí ante Dios, escudo que aparta al enemigo maligno, compañero fiel, amigo seguro, prudente consejero, modelo de obediencia, espejo de humildad y de pureza.
Asistidnos, ángeles de la guarda, ángeles de nuestras familias, ángeles de nuestros niños, ángeles de nuestras parroquias, ángel de nuestra ciudad, ángel de nuestro país, ángeles de la Iglesia, ángeles del universo. Amén.

Ángel con trompeta, ***dibujo de Lucas Cambiaso***

El papa León XIII es autor de un largo y complejo texto para exorcizar a Satanás y a los ángeles rebeldes. El texto incluye una específica ***Invocación a san Miguel arcángel:***

Gloriosísimo príncipe de la milicias celestiales, arcángel san Miguel, defiéndenos en la lucha contra las potencias de las tinieblas y su maldad espiritual.
Ven en nuestra ayuda, que nosotros fuimos creados por Dios y rescatados, con la sangre de Cristo Jesús, su Hijo, de la tiranía del demonio.
Tú eres venerado por la Iglesia como su guardián y patrón y a ti confía el Señor las almas que un día ocuparán las sedes celestiales.
Ruega, pues, al Dios de la paz que aplaste a Satanás bajo nuestros pies, para que no se dedique a hacer esclavos suyos a los hombres, ni a causar daños a la Iglesia.
Presenta al Altísimo, con las tuyas, nuestras plegarias para que desciendan sobre nosotros sus divinas misericordias.
Encadena a Satanás y échalo de nuevo a los abismos desde donde ya no pueda seducir almas.
Amén.

Otra serie de oraciones, dirigidas a los ángeles, devas y potencias espirituales en general (es decir, con un enfoque más amplio y generalizado del que pueda ser el de un sola iglesia), han sido recogidas por Giuditta Dembech[20], que sobre todo se ha basado en los textos esotéricos de Geoffrey Hodson.

A los ángeles curadores
¡Saludos para vosotros, devas de la curación!
Venid en nuestra ayuda,
versad vuestra energía sanatoria
sobre este hermano nuestro.
Colmad cada célula de fuerza vital,
conceded la paz a cada nervio,
aplacad los sentimientos torturados.

[20] G. Dembech, *Gli Angeli fra noi*, Ediciones el Ariete, Settimo Torinese, 1994.

Que la ola de vida que asciende
lleve calor a cada fibra,
mientras que el cuerpo y el alma se restauran
con vuestro poder curador.
Dejad a un ángel que vele,
que conforte y proteja
para que vuelva la salud.
Un ángel que rechace todos los males
y acelere el retorno de la fuerza,
o acompañe a la paz, si se ha acabado la vida.
¡Saludos para vosotros, deva de la curación!
Venid en nuestra ayuda,
dividid con nosotros las fatigas de la tierra,
para que Dios se estimule a través del hombre.

A los ángeles de la naturaleza
¡Saludos para vosotros, devas de la tierra y del cielo!
Venid en nuestra ayuda,
dad fertilidad a nuestros campos,
estimulad la vida en todas nuestras semillas,
para que nuestra tierra pueda ser fecunda.
¡Saludos para vosotros, devas de la tierra y del cielo!
Venid en nuestra ayuda,
dividid con nosotros las fatigas de la tierra
y que la divinidad interior tenga libertad.

A los ángeles constructores
(Plegaria por las mujeres embarazadas)
¡Saludos para vosotros, ejército de devas constructores!
Venid en nuestra ayuda,
guardad esta criatura que nace
en el mundo de los hombres.
Dad fuerza a la madre,
enviad a vuestros ángeles benévolos
que ayudan en el nacimiento
y anuncian el alba de la nueva vida.
Llevad al hijo que nace la bendición del Señor.
¡Saludos para vosotros, ejército de devas constructores!

Venid en nuestra ayuda,
guiad al niño que nace
en el mundo de los hombres,
para que su divinidad interior
obtenga la libertad.

La siguiente invocación tiene que dirigirse mentalmente hacia lugares en los que se hayan producido actos de guerra, con violencias y masacres, o que al menos haya habido víctimas a causa del hombre o de la naturaleza.

Se compuso, durante la Segunda Guerra Mundial, en el gueto de Varsovia. Todavía se encuentra copiada sobre pequeños pedazos de papel que, enrollados, se introducen en las rendijas de los muros y en los lugares donde sea o haya sido particular el sufrimiento humano.

A los ángeles consoladores
Que como pétalos de rosa en un desierto de sal,
amor, compasión, dulzura,
pensamiento comprensivo
desciendan sobre estos lugares.
Que se abran los cielos
y ángeles misericordiosos hagan descender
miel y ambrosía para curar las heridas
a través del tiempo y del espacio.
Que de los reinos oscuros
de donde locura y terror brotan,
locura y terror vuelvan
y que la nada los engulla.
Que la luz rodee con su rayo
cada vida truncada, y compense
cada gota de sangre y cada lágrima.
Que la nueva vida sea fácil
y el karma positivo.
Que devas consoladores lleven a quien sufra
resignación y consuelo.
Y que el hombre comprenda.
Y que la tierra no olvide.

Las dos plegarias que se transcriben a continuación se rezan cuando se reúne un grupo de personas para rezar o meditar, bajo la protección de un ángel.

La primera se reza al principio de la reunión y la segunda al final.

Ángel nuestro, protector y aliado,
Recoge y transforma nuestros pensamientos de amor.
Abre la puerta entre tu mundo de luz
y nuestro mundo de niebla.
Guía nuestros pasos a través del puente que nos une
y que el puente sea vasto y seguro.
Acerca a nosotros tus hermanos
para que escuchen nuestro reclamo.
Aleja las nieblas de la materia
para que vean nuestro intento de amor
y nuestro corazón puro.
Dejad abiertas las puertas, porque al invocaros
podemos sentiros muy cerca.
Con vuestra ayuda
que se nos permita proteger, consolar y curar.
Que se nos permita ayudar a quien sufre
en el cuerpo y en el espíritu.
Vuestra guía expanda nuestro conocimiento,
puesto que conocer es servir.

Saludos para ti, ángel nuestro,
protector y aliado.
Saludos para ti, Señor del lugar,
a vosotros, ángeles y devas,
que habéis estado cerca de nosotros.
Vuestra potencia acompañe nuestro intento
y lo deponga delante del trono del Inmenso,
donde la luz revolotea en remolinos llameantes.
Que se acoja nuestra demanda,
y descienda del espíritu a la materia,
según nuestro karma.
Acercad el velo
y que el plan divino se cumpla.

La siguiente plegaria se debe rezar al aire libre, inmersos en el fulgor de la naturaleza, con las manos juntas, orientándose de vez en cuando hacia los cuatro puntos cardinales mientras se citan.

Bendición por la tierra
Haya paz en el norte,
en el sur,
en el oeste
y en el este.
Haya paz a través de los cuatro elementos
y en el éter cósmico, que contiene todo.
Haya paz y amor para todas las criaturas,
visibles e invisibles
a través de sus reinos y sus elementos.
Haya paz en sus ángeles y en sus devas.
Haya paz en nosotros,
que con ellos condividimos el camino.

Como última plegaria, una de la Edad Media:

Para la protección de las fuerzas oscuras
Señor,
manda a todos los santos ángeles y arcángeles.
Manda al santo arcángel Miguel,
al santo Gabriel, al Santo Rafael,
para que estén presentes y defiendan
y protejan a este tu siervo,
Tú que lo plasmaste, le diste un alma
y por el cual quisiste derramar tu sangre.
Que lo protejan,
lo iluminen cuando está despierto y cuando duerme,
lo tranquilicen y lo aseguren
ante cada manifestación diabólica:
que ningún ser dotado de poderes malignos
pueda entrar en él,
ni ose ofender o herir su alma,
su cuerpo, su espíritu,
o aterrorizarlos o excitarlos con la tentación.

Y para terminar, una sabia recomendación de Eileen Elias Freeman[21]:

Cada vez que estéis frente a un encuentro importante, no os olvidéis de rogar al ángel de la guarda de vuestro interlocutor, para que vele sobre el diálogo que nacerá entre vosotros.

[21] E. E. Freeman, *Consigli del tuo Angelo custode per una vita serena,* Ed. Piemme, Casale M., 1995.

Astrología de los ángeles

La astrología es una ciencia antigua, que reserva a los ángeles un espacio excepcionalmente amplio empezando por la Cábala.

El término Cábala (o también *Cabalah*, *Kabala*, *Kabbala*, *Qabalah*) significa conocimiento, recepción, revelación e indica un conjunto de textos místicos, fruto de la cultura hebraica, secretos y transmitidos oralmente de una generación a otra por maestros y estudiosos.

La Cábala, surgida en Palestina a partir de los primeros siglos de nuestra era y difundida por toda Europa a partir del siglo XII, tiene como objetivo principal la contemplación mística de Dios, el Inconocible, que abre el camino para la comprensión de la realidad, para el conocimiento de la sacralidad de la vida y para la capacidad de amar.

La cábala se basa en el estudio profundo de la Biblia, pero también en las visiones recogidas, en investigaciones sobre el significado escondido de las cosas, en la correspondencia entre aspectos de la realidad terrestre y celestial, en las simbologías y en los cálculos numéricos referidos a la astrología.

La astrología realiza una amplia operación de búsqueda sobre los ángeles, considerados como el canal privilegiado del camino hacia Dios, por el hecho de ser los transmisores de la energía divina.

Entre los libros clásicos de la cábala, aparecidos sobre todo en España a partir del siglo XII y XIII, mencionaremos el *Zohar* («Libro de la Iluminación») y el *Khemot* («Libro de los Nombres»).

En este último libro es donde se encuentran los nombres de los setenta y dos ángeles que rodean el trono de Dios, en continua rotación según una elipse que une todas las constelaciones del Zodíaco.

El número setenta y dos se obtiene de la agrupación tradicional de los ángeles, agrupados en nueve coros, cada uno de ellos precedido de un arcángel y subdividido a su vez en ocho jerarquías.

El arco zodiacal está dividido en secciones de cinco grados y cada una de ellas corresponde a un período de aproximadamente cinco días del año; cada período está dominado por uno de los setenta y dos ángeles.

Existen diversos sistemas de cálculo para intentar enlazar los 360 grados con los 365-366 días del año, por lo que nos encontramos ante agrupaciones ligeramente diversas[22].

Nosotros reproducimos la clasificación de Dembech, que para nosotros tiene el valor de ser más simple. Sin embargo, es necesario precisar que estos ángeles no deben confundirse con el ángel de la guarda personal.

Cada uno de los ángeles zodiacales ejerce una influencia particular sobre los nacidos en el período en el cual él domina, asegurando protección y transmitiendo las energías y los dones específicos de los que es portador.

Estos dones se indican en la tabla que sigue, al lado del nombre de cada ángel.

La tradición quiere que los ángeles del norte y del sur tengan nombres que terminen en «iah» y «ael»; y los del este y los del oeste en «el», «iel» y «iael».

Coro de los serafines (arcángel Metetron)

1. Ehyiah (del 20 al 24 de marzo).
Voluntad y capacidad organizadora, rapidez y lucidez en el pensamiento, iluminación espiritual, energía para defenderse de los dolores físicos y espirituales.

2. Jeliel (del 25 al 29 de marzo).
Lealtad, apertura hacia los demás, solidez de carácter que favorece las realizaciones, fecundidad, estabilidad en las relaciones familiares.

[22] Véanse como ejemplo los textos de Haziel, *Il nostro angelo custode esiste*, Roma, 1995, y de G. Dembech, *Gli Angeli fra noi*, Settimo Torinese, 1994.

3. Sitael (del 30 de marzo al 3 de abril).
Fuerza física, coraje, idealismo unido al sentido práctico, ayuda para superar las adversidades y las dificultades de cualquier género.

4. Elemiah (del 4 al 8 de abril).
Talento artístico, especialmente por la música, paz interior, capacidad de restablecer los equilibrios internos y externos perdidos, capacidad de evitar excesos y negligencias.

5. Mahasiah (del 9 al 13 de abril).
Tranquilidad, equilibrio, gran sentido de la libertad, disposición hacia las relaciones pacíficas, gusto por las cosas simples, voluntad de mejorar.

6. Lelahel (del 14 al 18 de abril).
Iluminación espiritual, disponibilidad para innovar e inventar, capacidad de intervenir en los conflictos, gusto por la belleza.

7. Achaiah (del 19 al 23 de abril).
Inteligencia viva y rápida, capacidad de superar situaciones difíciles, comprensión de la realidad, paciencia y vocación por las dimensiones espirituales.

8. Cahetel (del 24 al 28 de abril).
Carácter paciente, tendencia al misticismo o a la introspección, fertilidad de las iniciativas emprendidas, equilibrio y mejoras en las relaciones familiares.

Coro de los querubines (arcángel Raziel)

9. Haziel (del 29 al 3 de mayo).
Tendencia al amor desinteresado y a la amistad profunda, generosidad de ánimo, superioridad en la percepción y capacidad de hacerse aceptar.

10. Aladiah (del 4 al 8 de mayo).
Capacidad de autorregenerarse física y moralmente, aptitudes para empezar de nuevo, disponibilidad para perdonar y eficacia en el trabajo.

11. Lauviah (del 9 al 13 de mayo).
Dotes de sabiduría y equilibrio, capacidad de mediación, aptitud de superación frente a las dificultades y vocación a ocupar posiciones de importancia.

12. Hahaiah (del 14 al 18 de mayo).
Resistencia ante las adversidades, fuerza interior y espíritu misionero y disponibilidad para autoanalizarse e interpretar los sueños.

13. Iezael (del 19 al 23 de mayo)
Temperamento optimista, vocación para una sólida vida de pareja, deseo de unión, fidelidad a los demás y búsqueda de belleza y armonía.

14. Mebahel (del 24 al 28 de mayo).
Alto sentido de la justicia hacia los demás y hacia sí mismos, exuberancia, búsqueda de la libertad y amor por las pequeñas cosas de la vida.

15. Hariel (del 29 de mayo al 2 de junio).
Vocación por lo sobrenatural y por las experiencias de fe, inteligencia brillante y vivaz, y gran calor humano y disponibilidad.

16. Hakamiah (del 3 al 7 de junio).
Sabiduría, intuición, capacidad de dirigir el poder y obtener el respeto, autoridad y seguridad en los consejos, y fuerza de carácter.

Coro de los tronos (arcángel Binael)

17. Lauviah (del 8 al 12 de junio).
Estado de permanente exaltación y alegría de vivir, carácter bondadoso y afectuoso, disponibilidad para la amistad y propensión a los sueños premonitorios.

18. Caliel (del 13 al 17 de junio).
Gran amor por la verdad, capacidad de hacer valer las propias convicciones, facilidad de expresión y resistencia frente a la adversidad.

19. Leuviah (del 18 al 22 de junio).
Serenidad, prudencia, medida, amabilidad, actitud equilibrada incluso en la adversidad, gusto artístico y sentido de lo social.

20. Pahaliah (del 23 al 27 de junio).
Apertura a la comprensión de las leyes naturales y del propio papel en el mundo, resistencia y compromiso en el trabajo, fidelidad e interés por la ciencia.

21. Nelkhael (del 28 de junio al 2 de julio).
Fuerza y serenidad, sentido del orden y de la ley, lucha contra la maldad y las calumnias, amor por la belleza y propensión por el arte.

22. Yeiayel (del 3 al 7 de julio).
Bondad, sentido del equilibrio, propensión al conocimiento a través de los viajes, respeto por los demás y capacidad de defensa ante las enfermedades.

23. Melahel (del 8 al 12 de julio).
Disponibilidad para la comprensión de la realidad y del camino que haya de tomarse, lucidez y tranquilidad, y tendencia a una vida de pareja feliz.

24. Hayuiah (del 13 al 17 de julio).
Carácter amable y leal, gran disponibilidad para ayudar a quien se encuentra en situaciones difíciles, lucha contra la mentira y sueños premonitorios.

Coro de las dominaciones (arcángel Hesediel)

25. Nith-Haiah (del 18 al 22 de julio).
Voluntad, capacidad de dominar cosas y situaciones, propensión a comprender las disciplinas esotéricas e intereses en la investigación y en el estudio.

26. Ahayah (del 23 al 27 de julio).
Justicia y rectitud, propensión a defender la verdad en todos los campos, corrección, gran fuerza interior y amor por lo divino.

27. Yerathel (del 28 de julio al 1 de agosto).
Amor y sabiduría, optimismo, alegría, paz, facilidad de relacionarse con los demás y propensión a difundir el saber.

28. Seheiah (del 2 al 6 de agosto).
Sabiduría que deriva de las experiencias, resistencia en las adversidades, valoración de la amistad y propensión hacia las ciencias médicas.

29. Reuel (del 7 al 11 de agosto).
Gran sensibilidad por las leyes naturales, propensión a ayudar y a animar a los demás con las palabras y capacidad de recuperarse rápidamente de las enfermedades.

30. Omael (del 12 al 16 de agosto).
Espíritu elevado, nobleza de ánimo, paciencia, amor por la naturaleza y capacidad de resolver incluso las situaciones más difíciles.

31. Yecabel (del 17 al 21 de agosto).
Talento, genialidad, intuición, inteligencia rápida y perspicaz y disponibilidad de solucionar las situaciones adversas.

32. Vasariah (del 22 al 26 agosto).
Fuerte carácter para superar las dificultades, pero al mismo tiempo sociabilidad y disponibilidad hacia los demás y vocación por la justicia.

Coro de las potestades (arcángel Camael)

33. Yehuiah (del 27 al 31 de agosto).
Vocación hacia objetivos superiores (tanto morales como espirituales y materiales), temperamento atraído por el orden y la disciplina, y apertura hacia la ciencia.

34. Lehahiah (del 1 al 5 de septiembre).
Capacidad para contener la propia ira y la de otros, disponibilidad para el trabajo duro, la disciplina, el compromiso y apertura hacia el orden divino.

35. Chavakhiah (del 6 al 10 de septiembre).
Temperamento disponible hacia los demás, desarrolla paz y armonía a su alrededor y sabiduría para afrontar y superar las dificultades de la existencia.

36. Menadel (del 11 al 15 de septiembre).
Amor y disponibilidad para ayudar a los demás, propensión hacia las ciencias médicas y capacidad de dar consejos útiles y de curar.

37. Aniel (del 16 al 20 de septiembre).
Determinación, voluntad, integridad, temperamento equilibrado, ajeno a la agresividad, disponibilidad hacia el estudio y la investigación y capacidad de síntesis.

38. Haamiah (del 21 al 25 de septiembre).
Tendencia a buscar y a difundir la verdad, altruismo, capacidad de influir sobre los demás y apertura hacia los valores espirituales.

39. Rehael (del 26 al 30 de septiembre).
Comprensión de la realidad, de la que descienden la armonía y la salud, fuerte sentido de la amistad y de la fidelidad, y tendencia a uniones sólidas.

40. Yeiazel (del 1 al 5 de octubre).
Multiplicidad de intereses, espíritu altruista que se manifiesta en consolar a los enfermos y carácter alegre que sobre todo consigue llevar la alegría a los demás.

Coro de las virtudes (arcángel Rafael)

41. Hahahel (del 6 al 10 de octubre).
Disponibilidad a las acciones desinteresadas, tendencia a la dimensión religiosa y mística, amor por el prójimo y facilidad de palabra.

42. Mikael (del 11 al 15 de octubre).
No debe confundirse con el arcángel; obediencia, fidelidad, vocación por la ley, sentido del equilibrio y capacidad de intervenir.

43. Yoliah (del 16 al 20 de octubre).
Desinterés por los aspectos inferiores de la vida, temperamento fuerte y no sujeto a depresiones y capacidad de afrontar situaciones hostiles.

44. Yelahiah (del 21 al 25 de octubre).
Temperamento combativo, resistencia en las adversidades, fuerte emotividad, coraje y capacidad de guiar a los demás imponiendo la propia voluntad.

45. Sehaliah (del 26 al 30 de octubre).
Concreto, capacidad de suscitar entusiasmos, amabilidad y gentileza, espíritu vigilante, facilidad de curación y disponibilidad a curar a los demás.

46. Ariel (del 31 de octubre al 4 de noviembre).
Vocación por la investigación científica, capacidad de comprender los secretos naturales, lucidez, grandes facultades intuitivas y sueños premonitorios.

47. Asaliah (del 5 al 9 de noviembre).
Tendencia a la actividad intelectual gracias a una profundidad de pensamiento, óptima memoria, espíritu místico y vocación a la grandeza.

48. Mihael (del 10 al 14 de noviembre).
Intensidad en las relaciones afectivas, gran capacidad en la gestión de relaciones familiares, fidelidad en la amistad y sueños premonitorios.

Coro de los principados (arcángel Haniel)

49. Vehuel (del 15 al 19 de noviembre).
Gran capacidad de percepciones sensoriales, talento, generosidad, facilidad en suscitar aprecio o amor y vocación por la enseñanza.

50. Daniel (del 20 al 24 de noviembre).
Dotes de reflexión, agudeza, capacidad de síntesis y de aconsejar y consolar a los demás y apertura hacia la belleza.

51. Hahasiah (del 25 al 29 de noviembre).
Gran bondad, sabiduría, apertura para las dimensiones espirituales, vocación para la medicina y disponibilidad para ayudar física y moralmente a los enfermos.

52. Imamiah (del 30 de noviembre al 4 de diciembre).
Alejamiento de los impulsos negativos, instinto por la libertad que no contrasta con la disponibilidad para con los demás y espíritu social.

53. Nanael (del 5 al 9 de diciembre).
Meditación, sed de conocimientos esotéricos y superiores, tendencia a reflejar en la vida cotidiana los principios universales y vocación por las leyes.

54. Nithael (del 10 al 14 de diciembre).
Bienestar físico y espiritual que se refleja en los demás, a través del ejemplo y la ayuda y sensibilidad por la dimensión religiosa.

55. Mebahiah (del 15 al 19 de diciembre).
Dotes intelectuales puestas al servicio de la verdad, vocación por la enseñanza, fuerza de carácter y generosidad y serenidad.

56. Poyel (del 20 al 24 de diciembre).
Energía, capacidad de obtener estima y afecto aportando paz y serenidad a su alrededor y tendencia a conciliar las disputas.

Coro de los arcángeles (arcángel Miguel).

57. Nemamiah (del 25 al 29 de diciembre).
Grandeza de ánimo, vocación para mandar o guiar, afrontando incluso situaciones difíciles y complejas y sentido de la justicia.

58. Yeiaiel (del 30 de diciembre al 3 de enero).
Dulzura, gentileza, paciencia, propensión hacia las ciencias, inteligencia penetrante, claridad de ideas y amor por la belleza.

59. Harahel (del 4 al 8 de enero).
Dotes intelectuales, capacidad de aprender, sabiduría, honestidad, disponibilidad hacia los demás y propensión por la matemática.

60. Lizrael (del 9 al 13 de enero).
Apertura por las grandes idealidades, altruismo y disponibilidad, claridad de pensamiento, propensión por el trabajo intelectual e ingeniosidad.

61. Umabel (del 14 al 18 de enero).
Gran sensibilidad, inteligencia brillante, facilidad de expresión, disponibilidad a hacer y a desarrollar amistades e interés por la astrología.

62. Iah-Hel (del 19 al 23 de enero).
Deseo de conocer la verdad partiendo de sí mismos, propensión a la meditación, lealtad, honestidad intelectual, sabiduría y disposición para la vida de pareja.

63. Amauel (del 24 al 28 de enero).
Mente predispuesta a la lógica, disponibilidad para asumir responsabilidades, coraje, amor por las artes y apertura al misticismo.

64. Mehiel (del 29 de enero al 2 de febrero).
Dotes de lógica y racionalidad, predisposición para comunicar sobre todo a través de la escritura, imaginación y facultad oratoria.

Coro de los ángeles (arcángel Gabriel)

65. Damabiah (del 3 al 7 de febrero).
Sabiduría, bondad de ánimo, gran capacidad de intervención en la relación con los demás y de dirimir las cuestiones difíciles y sueños premonitorios.

66. Manakel (del 8 al 12 de febrero).
Tendencia a la estabilidad, seriedad y modestia, fuerza de ánimo y carácter abierto y jovial que garantiza amistades duraderas.

La lucha de Jacob con el ángel, ***grabado de Gustave Doré***

67. Eyael (del 13 al 17 de febrero).
Capacidad de ver el lado positivo de las cosas, apertura a la fe y al misticismo y sabiduría que genera optimismo incluso en los demás.

68. Habuhiah (del 18 al 22 de febrero).
Capacidad de fructificar las propias dotes, generosidad, gentileza y sociabilidad, sabiduría, riqueza interior y espíritu socorredor.

69. Rochel (del 23 al 27 de febrero).
Armonía, equilibrio entre las tendencias masculinas y las femeninas, sentido de la ley y del orden y capacidad de resolver situaciones conflictivas.

70. Jamabiah (del 28 de febrero al 4 de marzo).
Capacidad de cambiar y mejorar constantemente, grandes dotes interiores y disponibilidad para ayudar a aquellos que se han perdido.

71. Haiaiel (del 5 al 9 de marzo).
Coraje y capacidad de superar victoriosamente las dificultades de la vida, inteligencia, activismo y compromiso en cada empresa afrontada.

72. Mumiah (del 10 al 19 de marzo).
Constancia, capacidad de llegar al final de lo que se empieza, intensidad en la expresión de los pensamientos y sentimientos, y serenidad.

Cada mes y cada signo astrológico está gobernado por un ángel particular. Estas son las correspondencias.

Enero	Acuario	Gabriel
Febrero	Piscis	Barchiel
Marzo	Aries	Machidiel
Abril	Tauro	Asmodel
Mayo	Géminis	Ambriel
Junio	Cáncer	Muriel
Julio	Leo	Verchiel
Agosto	Virgo	Hamaliel
Septiembre	Libra	Uriel
Octubre	Escorpio	Barbiel
Noviembre	Sagitario	Adnachiel
Diciembre	Capricornio	Hanael

Cómo encontrarse con el ángel

Parece ser que el ángel de la guarda está siempre a nuestro lado, en todos los momentos del día: cuando trabajamos o nos divertimos, cuando estamos en casa o de viaje, en los momentos de soledad y en aquellos que pasamos en compañía, y también cuando estamos inmersos en el sueño.

Normalmente no podemos verlo con nuestros ojos porque se trata de un ser inmaterial, un núcleo vibrante de energía benéfica, pero siempre está ahí, mucho más cerca de lo que podamos pensar, siempre premuroso, atento y amistoso.

Quien cree en esta presencia siente un gran alivio porque sabe que no está solo, aunque a veces se tenga la sensación contraria: siempre hay alguien que lo ama, que ha recibido de las altas esferas celestiales el encargo de ocuparse de él y *sólo de él*, que siempre ayuda, sobre todo cuando se lo piden.

Ahora llegamos al punto importante: ¿Cómo se consigue entrar en contacto con este ser de luz? ¿Cómo llegar a hablarle, a hacerse entender, a expresar las propias necesidades, los propios deseos? ¿Cómo escuchar lo que él tiene que decirnos?

Los seres humanos y sus protectores celestiales viven en dos esferas existenciales diferentes: ¿Cómo establecer el contacto? ¿Cómo pueden entrar los hombres, tan impregnados de materialidad, en comunicación con un puro espíritu?

Existen algunos métodos, de los que hablaremos más adelante, sugeridos por expertos en esoterismo y angelología, para intentar propiciar este encuentro. Pero para evitar frustraciones debemos pensar que no existe la seguridad de que suceda, por lo menos en las modalidades que nos esperamos: no depende ciertamente de nosotros.

Puede suceder, en efecto, y este es el caso más frecuente, que el contacto se realice durante el sueño. Aunque casi nadie, al despertarse, se acuerda de lo que ha soñado, se trata sin embargo de una circunstancia bastante favorable para recibir mensajes, iluminaciones, sugerencias y pensamientos que acaban influyendo en nuestro comportamiento y nuestro sentir y que nosotros creemos que son fruto de una elaboración autónoma propia.

Los ángeles pueden aparecérsenos sin que nosotros los percibamos como tales, bajo forma de personas, o incluso de animales, que encontramos ocasionalmente y que, de alguna manera, influyen en nuestras acciones, en nuestro modo de ser, hasta en nuestra misma existencia.

Llegados a este punto es necesario añadir con claridad una cosa: existen muchas personas cuya vida ha transcurrido sin haber conseguido nunca encontrar al ángel o al menos sin haberse dado cuenta nunca de ello. Para hallarlo no es suficiente sentirse a punto o pensar que lo estamos.

A veces creemos que nos encontramos en las condiciones perfectas, pero puede tratarse simplemente de una convicción «de cabeza»; en realidad no lo estamos de ninguna manera, nuestra predisposición interior, independientemente de lo que pensemos, puede no ser la apropiada. Además, para que tenga lugar un encuentro, es necesario que las dos partes así lo quieran, y puede suceder que el ángel no tenga ninguna intención de encontrarnos o de hacerse perceptible —o visible— en ese preciso momento.

¡La paciencia es el primer don!

El segundo es la humildad, el no pretender que el acontecimiento suceda por fuerza, como si fuera una cosa obligada o como si el ángel tuviera que moverse según nuestros deseos: no se trata de un perrito, se trata del trámite hacia la divinidad y también por esta razón le debemos un profundo respeto.

Es necesario también saber cultivar las dotes personales. Si la búsqueda del contacto celestial no es un simple juego o un distraído pasatiempo (en este caso es mil veces mejor abstenerse del todo), si queremos realmente entrar en la armonía universal y quedarnos allí, está claro que toda nuestra existencia debe enfocarse de forma particular y permanente; debemos ser capaces de librarnos de nuestro egoísmo, del instinto de vejación y proyectarnos cariñosamente sobre los demás, preocupándonos de su bienestar antes que del nuestro; tenemos que conquistar un estado de serenidad, dejando a nuestras espaldas ansias, tensiones e insatisfacciones; tenemos que ser abiertos con las cosas del espíritu y sobre todo renunciar a la adoración del «ternero de oro», es decir de los ídolos falsos, los que actualmente se definen con el nombre de *status symbols,* el dinero y todo aquello que creamos que nos da un prestigio en sociedad. Dinero y objetos, y no todos, son muy útiles en la vida, siempre que se los considere por lo que son: un medio y no una finalidad.

Es casi seguro que las cosas que hemos indicado hasta aquí representan la parte más difícil de los ejercicios, puesto que implican un cambio profundo y radical de nuestra forma de ser. Suponen, como dice el Evangelio, abandonar al hombre antiguo para «nacer de nuevo». Lo que cuenta de verdad en la vida, como afirma Erich Fromm, no es tener, sino ser.

Si no conseguimos «ser», es decir ser nosotros mismos, genuinos, disponibles hacia los demás y abiertos al mundo, es absurdo pensar en entrar en contacto con el universo del espíritu.

Por ello es importante también el estilo de vida. No sólo cuando deseemos ponernos en comunicación con los ángeles, sino que en cada momento tenemos que intentar ser los dueños de nosotros mismos, de nuestras emociones, de nuestros impulsos; conseguir cada día, y siempre que sea posible, largos momentos de tranquilidad y de relajación; cultivar el silencio, sobre todo el interior.

En particular, en lo que concierne a la tentación de establecer una relación con los seres de luz, es necesario, para empezar, creer firmemente en ellos, amarlos y estar totalmente disponibles frente a ellos: no es posible mostrar un comportamiento de frialdad, de desinterés o, peor todavía, de desafío.

Además, en la búsqueda de este encuentro es necesario que nos empuje no ya una banal curiosidad o el deseo de probar experiencias «fuertes», sino una sana y desinteresada aspiración de perseguir un propio crecimiento interior, intelectual, moral y afectivo.

Cuando la gente piensa en el encuentro con el ángel, normalmente pretende tener un encuentro personal y casi físico, en el sentido que se corresponda con la percepción sensorial, auditiva o, mejor todavía, visual, por no decir hasta táctil.

Pero todo esto, aunque posible y comprensiblemente responde a los deseos de cada uno, es una forma algo egoísta —y por consiguiente muy humana— de ver las cosas. Muy en el fondo, si pensamos bien en ello, quizá se esté buscando sobre todo tranquilidad y gratificaciones personales.

Tendremos que conseguir ser un poco más desinteresados y no olvidar jamás que somos la parte más ínfima de una realidad colectiva y unitaria llamada humanidad (¡y esto no sólo gracias a la inconsciencia colectiva!) y que nos realizamos plenamente como individuos sólo cuando estamos en relación con los otros y sobre todo obramos en favor de ellos.

Lo mejor sería, pues, cuando nos dirigimos al ángel, rezar también por el «prójimo» y por sus necesidades.

Lo primero y lo más importante para comunicar con el ángel es la plegaria, una oración creada especialmente para él y dirigida a él.

Para empezar, recordemos la tan conocida plegaria de la Iglesia católica «Ángel de Dios, que eres mi custodio», que la mayoría de personas se sabe de memoria desde la infancia pero que seguramente ha acabado por olvidar. Sin embargo, hay muchísimas otras oraciones (véase el capítulo «Plegarias»), escritas por distintas tradiciones antiguas, dirigidas a diversos ángeles y referidas a distintas necesidades y circunstancias de la vida.

Todavía mejores que esas liturgias son las plegarias espontáneas, que brotan del corazón, más allá de cualquier forma estandarizada, porque en ellas hay una fuerte intencionalidad y una participación total de uno mismo.

No importa si las palabras aparecen inadecuadas, los conceptos retorcidos, las expresiones repetidas, las demandas banales: lo que cuenta es que quien rece se entregue por entero a ello.

Tenemos que aclarar, llegados a este punto, que el culto del ángel es algo completamente distinto del culto a la divinidad, sea cual sea la religión que se practique. El ángel es un amigo, una guía que el Ser supremo ha puesto al lado del individuo para ayudarlo en su vida cotidiana. Con él existe, pues, una relación, podríamos decir, casi de complicidad, de camaradería.

Es exactamente en esta óptica fraterna, doméstica, que tenemos que movernos, con la intención de demostrar al ángel nuestros más sinceros y profundos sentimientos, con la convicción de que todo esto facilitará el encuentro.

A muchos les parece oportuno organizar encuentros en grupos, formados normalmente por pocas personas, con la intención de meditar y rezar. Estos actos, conducidos en común, producen cantidades excepcionales de energía y ayudan a cada uno de los participantes a continuar en el camino de la mejora y del conocimiento. Las reuniones pueden ser incluso breves, lo que cuenta es la intención y la intensidad de la participación.

Los componentes del grupo se consultan primero antes que nada sobre el objetivo (iniciativas, finalidad general, situaciones y personas) hacia el cual dirigir el flujo de energía que se producirá. Así pues, se procede recogiéndose en una silenciosa meditación e intentando visualizar, cada uno, al propio ángel. Luego se les dirigen oraciones y demandas de intervención. La reunión se termina con una oración común.

La plegaria forma parte del cuadro más amplio del culto al ángel.

Antiguamente se profesaba un ferviente culto hacia los lares y los penates, una especie de divinidades domésticas, que seguían y guiaban a la familia durante toda su existencia: eran los equivalentes de nuestros ángeles de hoy.

Incluso nuestros antepasados veneraban a estos seres protectores: para ellos reservaban un pequeño altar en un ángulo de la casa, les rezaban por la mañana y por la noche, brindaban por ellos en las comidas y les ofrecían las primeras frutas y las primeras flores de la temporada. Cuando se producía un traslado, después de haber purificado la nueva casa, lo primero que arreglaban era precisamente el altar doméstico.

Una reminiscencia de estos ritos antiguos se encuentra todavía presente entre nosotros, aunque ya se ha perdido el conocimiento de su origen: cuando los albañiles que levantan las casas están a punto de completar el techo, celebran el acontecimiento izando ramas de un árbol o una bandera y brindando con vino.

Cambian los símbolos, pero el significado es siempre el mismo: consagrar el nuevo edificio invocando la bendición sobre él y sobre todos aquellos que vivirán en él.

Las distintas tradiciones coinciden en afirmar que a estas criaturas celestiales les gusta sentirse huéspedes en las casas de aquellos hombres sobre los que tienen la responsabilidad. Por ello es oportuno preocuparse de reservar en el interior de la casa un lugar destinado al propio ángel y sólo a él. Es suficiente para ello un espacio muy pequeño. Sólo es necesario que quepa —y esto será sobre todo útil para nosotros, para concentrarnos mejor— una imagen que de alguna manera evoque la esencia angélica. Pero puede ser suficiente incluso una planta, o una simple flor que deberá sustituirse cada día, de manera que sea fresca; independientemente de lo que se escoja, lo importante es que se tenga muy clara la intención de dedicarla al ángel.

Incluso el simple pensamiento de que un determinado lugar de la casa es suyo bastará para señalar al ángel la propia disponibilidad, el propio amor, el propio deseo de encontrarlo. Y ellos, más pronto o más tarde, no desilusionarán a quienes lo estén buscando.

Por la mañana, antes de comenzar el día, y por la noche, antes de acostarse, es necesario detenerse brevemente delante de su rincón, rezándole una plegaria o pensando intensamente en él.

En esas ocasiones, si se quiere, puede encenderse también un poco de incienso o una vela, como símbolo de la propia intención.

En relación con la intensidad de la participación y del fervor de la oración, se creará un flujo de energía positiva entre el ángel y quien lo invoca, y esta energía podrá ser vertida de nuevo, según los propios deseos, sobre sí mismos o, mejor todavía, sobre los seres queridos o sobre las personas que se crea que tienen más necesidad de ello.

Es posible incluso llegar a ver al propio ángel y llegar a reconocer su fisonomía, que es única, característica e inconfundible. Se trata de un ejercicio difícil, que pide mucha dedicación, disponibilidad, intensidad de participación y naturalmente paciencia: los espíritus celestiales detestan las prisas. En países como Inglaterra, Alemania y Estados Unidos, existen incluso cursos organizados sobre este tema.

Nosotros podemos también probar imitando a las tradiciones en materia; sobre esto existen técnicas de relajamiento y de visualización de las que hablaremos más adelante. Antes tenemos que decir que para entrar en contacto con nuestro etéreo protector es necesario preparar el ambiente adecuado pero sobre todo predisponerse en la intimidad.

Lo primero que debe hacerse es lo que el gran sabio indio Krishnamurti ha llamado «desidentificación».

Prácticamente en cada momento de la vida, nuestra mente o nuestro corazón, todo nuestro ser está ocupado por millones de pensamientos, sostenidos por fantasías, sentimientos y sensaciones; a veces se trata de pensamientos gratificantes que activan nuestro narcisismo, como por ejemplo, cuando nos creemos los mejores, los más guapos, los más inteligentes y deseables y que el mundo no puede pasar sin nosotros; otras veces se trata de pensamientos negativos, que derivan de un apego excesivo a las cosas, de una exagerada importancia atribuida a nuestros compromisos cotidianos; pero pueden ser incluso dolores, preocupaciones, angustias, todo son cosas que nos provocan sufrimiento. En algunos casos nuestro ser se ve implicado en realidades que no nos pertenecen, que provienen del exterior, quizá se trata de banalidades, pero que nos invaden, nos debilitan y nos hacen parecer más vulgares: esto le sucede siempre más a menudo a quien, por ejemplo, ve demasiada televisión. Pues bien, todos estos elementos son otros tantos obstáculos que encontramos a nuestro alrededor y que, además de alterar y mortificar a nuestro «yo» más auténtico, impiden cualquier acercamiento y cualquier contacto con otras dimensiones.

El antídoto a todo esto es la desidentificación, una operación simple y compleja al mismo tiempo.

Durante nuestra actividad cotidiana tenemos que conseguir encontrar un momento, aunque sólo sea de un cuarto de hora (quizás hacia el final del día), en el que, por decirlo de alguna manera, apaguemos los interruptores, desconectemos los innumerables cables que nos atan a la realidad que nos rodea y consigamos encontrarnos a nosotros mismos, a los aspectos más verdaderos de nuestro yo: es el momento de la meditación, de la que la desidentificación constituye la premisa.

Es necesario buscar un lugar apartado, silencioso, inmerso en la penumbra donde poderse recoger en soledad: en el silencio de tu habitación, como decía Jesús. Se trata de un silencio exterior, que de todos modos concilia de forma profunda el interior.

Es preciso sentarse en una posición cómoda, con el cuerpo recto pero con los músculos relajados, sin tensiones porque el malestar del cuerpo acaba por superar y distraer nuestra mente. En posición cómoda, pero no abandonada con desorden, porque esto apaga la atención, provoca la pereza y la somnolencia. Los pies se apoyarán de forma estable en el suelo, para recoger las fuerzas que provengan de la tierra; el tronco estará en posición erecta, puesto que la verticalidad favorece la canalización de las energías de lo alto y hacia lo alto; con los ojos cerrados escucharemos nuestra respiración; nuestra mente, como sucede normalmente, será atravesada por miles de pensamientos: nosotros no nos ataremos a ninguno, los dejaremos entrar y salir, resbalar como la corriente de un plácido río. En esta atmósfera, los problemas y las tensiones que están dentro de nosotros, que nos condicionan y nos oprimen, desaparecerán uno a uno, como hojas arrastradas por un río. Poco a poco se formarán en nosotros espacios vacíos, que se irán ampliando cada vez más, espacios de tranquilidad y de paz, similares a pequeños lagos de agua clara.

Finalmente hemos conseguido frenar el trabajo incesante de la mente y expulsar las preocupaciones. Ahora somos como vasos de cristal, cuidadosamente vaciados, repulidos y a punto para ser llenados de una linfa nueva, de un agua de vida que alguien versará. Este es el momento en que nos encontramos predispuestos para conocer otras realidades.

Naturalmente no es necesario creer que las cosas sean muy simples en lo referente a la posibilidad concreta de encontrar un ángel, o mejor todavía, el propio ángel: pero se trata siempre de una experiencia extremadamente particular.

No puede haber la seguridad absoluta de conseguirlo.

Ha sido científicamente demostrado, incluso con relieves fotográficos, que cada ser humano está rodeado de un aura propia que lo delimita como un campo de fuerzas: incluso si ha sufrido alguna mutilación no se hace evidente y la figura energética aparece completa.

El aura es constantemente mutable y está siempre presente, tanto cuando estamos despiertos como cuando dormimos; según los estados de ánimo, las emociones y los pensamientos que en ese momento nos atraviesan, asume coloraciones y figuras cambiantes.

Según la opinión de muchos angelólogos, cuando estos colores, que expresan distintos niveles de energía, entran en sintonía con los seres de luz que nos rodean, entonces se realiza el contacto.

A través de la expresión cromática se reconoce a determinados individuos, como particularmente idóneos para constituir los canales que irradian sobre la tierra energía, intuiciones y saberes.

Con la desidentificación nos hemos vaciado de todas las cosas inútiles, dañinas, a menudo dolorosas y siempre malas compañeras que obstruyen nuestro yo; hemos creado dentro de nosotros un vacío.

Ahora tenemos que llenar de nuevo este vacío, realizar aquello que, paradójicamente, ha sido definido como el «vacío lleno». ¿Pero lleno de qué? De expectativas, de confianza, de serenidad, de inocencia: en pocas palabras, la postura de los niños.

Jesús dijo: «En verdad os digo, si no os volviereis y os hiciereis como niños, no entraréis en el reino de los cielos» (Mateo 18, 3).

Este «relleno del vacío» es lo que se define como meditación. Osho Rajneesh nos da algunas indicaciones extremadamente claras para aprender a meditar: «La meditación no es concentración. En la concentración hay un yo que se concentra y un objeto sobre el cual se concentra. Existe una dualidad. En la meditación no existe nadie en el interior y nada en el exterior. No es la concentración. No hay división entre el interior y el exterior. El interior continúa fluyendo hacia el exterior, y el exterior hacia el interior. La línea de demarcación ya no existe. El interior es el exterior y el exterior es el interior: un conocimiento que no es dualista. La concentración es un conocimiento dualista, y por esto la concentración produce cansancio; por esto cuando te concentras te cansas».

«La meditación es un estado de no-mente. La meditación es un estado de puro conocimiento, privada de contenidos. Normalmente el conocimiento está sobrecargado de escorias, se parece a un espejo cubierto de polvo. La mente es tráfico continuo, un extenuante flujo de pensamientos, de deseos, de recuerdos, de ambiciones: ¡Es un tráfico imparable!»

«Esta es una condición no meditativa. La meditación es exactamente lo opuesto. Cuando el tráfico se ha disuelto y el pensamiento ha cesado, cuando ningún pensamiento se mueve, cuando ya no hay agitación de pensamientos y te encuentras en un silencio total: ese silencio es meditación. Y en ese silencio se conoce la verdad, nunca antes. La meditación es un estado de no-mente.»

«La meditación es inmediatez. No puedes meditar, sólo puedes estar en meditación.»

El hecho de haber aprendido a vaciar nuestro yo y haber aprendido los secretos de una correcta meditación, constituye un gran progreso. Pero eso no es todo. Existen otros medios —medios activos— que, por decirlo de alguna manera, buscan al ángel, intentan establecer una relación directa con él, lanzan señales precisas con la intención de obtener respuestas igualmente precisas.

Ante todo está la plegaria, de la que ya hemos hablado.

También hemos señalado el hecho de que existen técnicas de relajación: son múltiples y complejas y ciertamente no pueden ser tratadas en pocas líneas.

Por esto aconsejamos, puesto que no son específicamente pertinentes al tema de la angelología que estamos tratando ahora, algunos textos más apropiados[23].

De estas técnicas —y en particular de las que se refieren a la respiración— nos limitamos a decir que, a veces, en el curso de los ejercicios, aparecen colores y torbellinos de luz, que representan el resultado de la actividad del inconsciente. No olvidamos, de hecho, que el centro respiratorio forma parte de la médula y por tanto se encuentra en conexión directa con el interior del sistema nervioso.

Hablaremos en cambio de forma más difusa de la visualización. Se trata de un conjunto de técnicas que se usan mucho en psicología.

La visualización es un ejercicio fundamental para el desarrollo del potencial humano más allá del ego. Se trata de hacer resurgir el inconsciente a través del uso del poder de la mente. Con la práctica de la visualización, una parte relevante de contenidos llegarán a la mente de forma automática (imaginación automática).

Dice Assagioli: «La imaginación, en el sentido preciso de función evocadora y creadora de imágenes, es una de las más importantes y más espontáneamente activa, en los dos aspectos, el consciente y el inconsciente... La

[23] B. Auriol, *Todos los métodos de relajación*, Ed. RED, Como, 1991; A. van Lysebeth, *Pranayama*, Ed. Urano, Roma, 1986.

finalidad de la visualización es la de ofrecer un punto de partida y un incentivo para la imaginación creativa».

«Es importante la diferencia entre imaginación *reproductiva* e imaginación *creativa*, entre la visualización de una imagen escogida de modo consciente y voluntario y la función imaginativa espontánea, creativa, que opera principalmente en los niveles inconscientes, de los cuales sobresale luego en la consciencia el producto o el resultado de su actividad.»

Es necesario puntualizar que los ejercicios de visualización no se afrontan a la ligera, porque, sobre todo cuando se consiguen completamente, pueden llevar a estados de consciencia alterados, puesto que al ponernos en comunicación con un mundo transpersonal al que no estamos acostumbrados nos abren perspectivas inatendidas e inquietantes sobre espacios infinitos, dominados por enormes fuerzas y energía. En algunos casos puede ser difícil la vuelta a un estado de consciencia normal, sobre todo si todavía no se ha adquirido un cierto dominio y si no se es guiado de forma oportuna.

Por todo esto, al menos al principio, se aconseja hacerse seguir por un psicólogo o al menos por una guía espiritual que ya haya alcanzado un buen nivel de experiencia al respecto.

Ahora proponemos, como ejemplo, dos ejercicios de visualización, aunque cualquier persona, siguiendo su propia naturaleza, puede inventarse otros similares.

1. Empecemos imaginándonos que nos encontramos, solos, en medio de un gran prado sin límites, en una tibia noche de verano, observando un inmenso cielo, palpitante de miríadas de estrellas de todas las dimensiones. El ejercicio debe proceder casi espontáneamente, sin esfuerzos excesivos y concentración imaginativa porque esto comportaría un trabajo de la mente y por lo tanto nos empujaría a nuestra condición habitual de vigilancia y atención. Las estrellas visualizadas de esta forma tenderán a desaparecer; para mantener el contacto con ellas intentaremos contar algunas. Llegados a este punto nuestra atención se concentrará sobre una sola de ellas; para la elección hemos de dejarnos llevar por el instinto. Observemos con gran atención a «nuestra» estrella; casi imperceptiblemente la estrella empezará a moverse hacia nosotros. Lo que era un simple puntito luminoso crecerá poco a poco, convirtiéndose en una esfera de luz cada vez más grande y cada vez más cercana a nosotros, hasta que se parará frente a nosotros, a muy poca distancia. No le tendremos ningún miedo; al contrario, nos sentiremos como inundados por su claridad benéfica, que nos transmite sensaciones de inmensa serenidad, profunda alegría y amor. Observando con calma la esfera luminosa, veremos poco a poco como toma forma una figura: es nuestro ángel. Hemos de intentar imprimirnos bien sus rasgos para poderlo reconocer cuando, en un futuro, se presentará de nuevo. Vayamos con confianza a su encuentro, sumergiéndonos en su luz. Intentemos hablarle, agradeciéndole su presencia, pidámosle ayuda y protección, dándole a entender que lo queremos. Antes de que, poco a poco, desaparezca, disfrutemos de su presencia. Pero no para siempre. De hecho este primer contacto permite imprimir fuertemente en nuestra consciencia las facciones del ángel y, a partir de este momento, cuando lo busquemos, lo encontraremos más fácilmente.

2. En este otro ejercicio de visualización el punto de referencia es el agua.

El agua, en efecto —informe, mutable, misteriosa pero tangible y que sobre todo sustituye al espejo—, se presta perfectamente a mandarnos de nuevo las imágenes que nosotros proyectamos, junto a otras, inesperadas, que nos llegan de otro lugar indefinido. Por esto, a los ojos de la mayoría, es mucho más adecuado en términos evocativos.

Colocándonos cómodamente, con los ojos cerrados y los pies en el suelo, empezamos intentando relajarnos con algunas profundas inspiraciones; imaginemos que nos encontramos en un gran parque, con el terreno ondulado, en un día dulce de primavera; a nuestro alrededor árboles, flores de todos los tipos, variopintas y perfumadas. Escuchamos el suave susurro de las hojas y el melodioso canto de los pájaros. Nos sentimos felices, profundamente felices, íntimamente serenos y nos emborrachamos con un alegre sentido de libertad que hace sentirnos desvinculados de cualquier realidad. Paso tras paso nos adentramos en el parque caminando sobre la hierba, que es como un suave tapete bajo nuestros pies. Superada una barrera de arbustos, nos encontramos frente a un espejo de agua, límpido y tranquilo. No se trata de una agua que nos dé miedo; al contrario, su pureza cristalina nos tranquiliza y nos relaja. Avanzamos lentamente, hasta llegar al límite de ella. Miramos hacia abajo, delante de nosotros. La superficie tranquila del pequeño lago nos devuelve nuestra propia imagen, una imagen que ya hemos visto una infinidad de veces en el espejo, en comportamientos y estados de ánimo muy distintos. Nos concentramos serenamente en ella, intentando ver expresados nuestros sentimientos, nuestro ser más íntimo, nuestra historia. Nos esforzamos, pero siempre sin ansias de descubrir quiénes somos realmente. En un cierto punto, siempre reflejada en el agua, descubrimos una figura que se nos acerca lentamente y que se sitúa a nuestro lado, con actitud amistosa y protectora: se trata de nuestro ángel, el ángel que hemos buscado tanto. El agua nos restituye de forma muy nítida el contorno de su cara y nosotros lo observamos atentamente, intentando imprimírnoslo bien en la memoria para reconocerlo cuando se presente en un futuro. Permanecemos así algunos minutos, en contemplación, hasta que la visión desaparezca lentamente. Poco a poco, con una gran paz en el corazón, volvemos a la dimensión a la que estamos acostumbrados.

Tanto con este ejercicio como con el anterior hemos conseguido apoderarnos de la imagen del ángel.

Las próximas veces, cuando queramos encontrarlo de nuevo, conseguiremos visualizarlo inmediatamente, sin necesidad de repetir todo el recorrido.

De todos modos, para grabar en nuestra mente de manera indeleble la fisonomía del ángel, así como la de cualquier otra figura, podemos modificar la técnica propia del *training* autógeno. La verdad es que se trata de una extensión algo heterodoxa, ya que el *training* autógeno tiene otras finalidades, pero de todas formas podemos decir que funciona también para la nuestra.

Para entender el posible uso para nuestros fines, es necesario señalar algunos conceptos relativos a esta técnica, que algunos han definido como el yoga de Occidente.

G. Crosa lo considera como el aprendizaje gradual de una serie de ejercicios de concentración psíquica pasiva, particularmente estudiados y encadenados, cuyo objetivo es llevar progresivamente a la realización de modificaciones espontáneas del tono muscular, de la función vascular, de la actividad cardíaca y pulmonar, del equilibrio neurovegetativo y *del estado de consciencia*.

Luciano Masi explica con claridad algunos conceptos básicos relativos al *training* autógeno: las especies de entrenamiento que conocemos no producen cosas que se generan por sí mismas, sino que introducen gradualmente comportamientos adquiridos, que se añaden a la acumulación de las experiencias precedentes. Distinto es el caso del *training* autógeno. Ese está basado sin duda en un entrenamiento especial: de hecho genera un cambio de la unidad biopsíquica, gracias a aquella que Schultz ha definido como conmutación, es decir, cambio de un estado de cosa ya estructurado de manera estable.

Bajo el aspecto fisiológico cambian las relaciones entre las estructuras del sistema nervioso y esto tiene como consecuencia que la funcionalidad del organismo, especialmente en términos del sistema neurovegetativo, se plantean de otra forma.

«Pero conmutar significa también otras cosas desde el punto de vista psicológico —afirma Masi—. Significa cambiar posturas mentales radicales, abandonar antiguas costumbres, usar de forma distinta el pensamiento, la atención y la concentración.»

Sobre estas bases Theodore Lipps ha podido afirmar: «Las representaciones psíquicas tenderían a convertirse en percepciones cuestionables».

El *training* autógeno propone una serie de ejercicios de los que nos limitaremos a seguir el principio operativo, puesto que no es este el lugar para tratarlos exhaustivamente.

Después de habernos predispuesto y relajado oportunamente, según lo que ya sugerimos en los ejercicios precedentes, con regularidad, dos o tres veces al día, nos concentraremos y evocaremos la imagen aprendida del ángel. Después de casi una semana ya la habremos interiorizado completamente y, desde ese momento, podremos llamarla de nuevo a nuestra mente, con gran nitidez, tantas veces como deseemos.

Finalmente, unas palabras para los escépticos, que pueden contestarnos que los ejercicios propuestos para intentar visualizar al ángel no son más que fenómenos de autosugestión gracias a los cuales proyectamos simplemente nuestras fantasías, y que el ángel que afirmamos haber encontrado no es más que una construcción mental nuestra, favorecida por una particular condición emotiva. Esta parece una explicación simple y expeditiva, que tiende a encerrar la gran aventura del conocimiento dentro de unos límites prefijados y angostos, rechazando deliberadamente dejar el espacio necesario a las infinitas posibilidades de lo real. Para intentar encuadrar más correctamente el problema nos parece oportuno referirnos a la psicología transpersonal, una ciencia que posee más de un punto de contacto con el mundo de los ángeles.

«La psicología transpersonal —escribe A. de Luca— es un viaje a las regiones inexploradas de nuestra vida y una aventura extraordinaria de crecimiento. Nació a finales de los años sesenta como "cuarta fuerza" de la psicología después del psicoanálisis, el comportamentismo y la psicología humanística, a las que supera proponiendo un nuevo modelo más amplio de la consciencia.»

Tiende a ampliar la experiencia de la vida interior hacia horizontes más grandes del saber, que comprenden el equilibrio psicofísico dentro de una dimensión holística y la potencialización de las facultades creativas e imaginativas.

Precursora de la psicología transpersonal, aunque sólo diez años más antigua, la psicología humanística ha llevado a cabo una investigación dirigida a las formas de crecimiento personal y ha tenido entre sus mayores exponentes a Abraham Maslow y Anthony J. Sutich.

Sobre todo Maslow ha sido el principal defensor de la tesis según la cual cada ser humano lleva en sí mismo la tendencia natural latente para desarrollar la propia potencialidad, según un camino ascendente, que va desde la satisfacción de las más inmediatas necesidades materiales hasta aquellas de las exigencias más elevadas, dirigidas no sólo a gratificar al individuo, sino también a reflejarse en los demás y el ambiente.

Uno de los más significativos exponentes de la psicología transpersonal es el psicólogo norteamericano Ken Wilberg quien, en su libro *Más allá de los límites* (Assisi, 1985), localiza en el hombre distintos niveles interiores:

— Un nivel prepersonal o instintivo.
— Un nivel personal o racional.
— Un nivel transpersonal o espiritual.

La orientación que se desprende de esto conduce a una aproximación global de la problemática que se refiere a la existencia humana, buscando localizar por encima de todo un «centro de unidad» de las distintas funciones sobre las cuales se basa la vida psicológica del individuo, es decir, del conjunto de las que Assagioli llama «subpersonalidad».

Entre las distintas técnicas adoptadas en este trabajo de investigación, además de la apertura hacia los sueños y la fantasía, se reserva precisamente una posición preferente a la visualización.

Roberto Assagioli, fundador de la psicosíntesis, considerada la «quinta fuerza» de la psicología, sostiene la necesidad primaria de afirmar la realidad de la *superconsciencia*, que todavía no está generalmente reconocida.

Él afirma: «La realidad del superconsciente no tiene necesidad de ser demostrada; es una experiencia y cuando somos conscientes de ello constituye uno de aquellos que Bergson ha llamado muy acertadamente "datos de la consciencia", que contienen en sí mismos la propia evidencia y la propia prueba».

Entre consciencia e inconsciencia hay un intercambio incesante, una continua ósmosis. Existen dos formas para abrir la consciencia a la entrada del superconsciente. La primera, que podemos definir como «ascendente», se basa en un trabajo sistemático de elevación de nuestro centro de consciencia hasta alcanzar los niveles superiores. La segunda, que en cambio definimos como «descendente», prevé la irrupción de elementos superconscientes en nuestra consciencia, como intuiciones, inspiraciones, iluminaciones y, podemos añadir, entidades superiores.

Está claro que aquí nos movemos a través de niveles transpersonales y entramos sobre todo en aquel continente misterioso e indefinido que Carl Gustav Jung, padre de la psicología analítica, ha definido como «inconsciencia colectiva», dentro del cual el individuo llega a fundirse con toda la humanidad y, más allá todavía, con el universo.

De todos modos, es importante mantener separados los conceptos de superconsciente y de «sí» espiritual y transpersonal o, más simplemente, de «sí».

Existe, como dice Assagioli, una diferencia fundamental: «... en el superconsciente hay elementos, "contenidos" de varios géneros, activos, dinámicos, mutables, que participan en la corriente de la vida psíquica en su conjunto. En cambio el "sí" es inmóvil, estable e inmutable; por lo tanto *distinto*. Nos parece oportuno tener presente tales diferencias, incluso porque este sentido de permanencia y de estabilidad se transmite, de forma atenuada y velada, del sí espiritual a su reflejo, el yo consciente y personal; es esto lo que nos da el sentido de permanencia, de identidad personal, a través de todos los cambios, y el sucederse de los estados de ánimo, de los mutantes contenidos de la consciencia».

El «sí» tiene pues una doble naturaleza, individual e universal al mismo tiempo; es el punto en el cual entramos en contacto con el misterio, con la realidad suprema. Y quizá, podemos insinuar, que se trata del punto en el cual conseguimos entrar en contacto con el ángel.

Jung, como científico riguroso, justamente no lo dice. Nosotros, en sus *Consideraciones psicológicas*, podemos entrever al ángel cuando él afirma: «En cada uno de nosotros hay un otro que no conocemos. Nos habla a través del sueño y nos comunica en qué modo nos ve distintos de cómo nos vemos nosotros. Así pues, si nos encontramos en una situación insoluble, este desconocido puede aclararnos un poco, de la mejor manera para conseguir modificar nuestro comportamiento, exactamente qué nos ha llevado a esa difícil situación».

Y más adelante: «El paciente y yo nos dirigimos juntos a aquel viejo de dos millones de años que vive en todos nosotros. Como último análisis la mayor parte de nuestras dificultades dependen del hecho de que hemos perdido el contacto con nuestros instintos, con la antiquísima y no por ello olvidada sabiduría almacenada en cada uno de nosotros».

Concluyendo, y teniendo en cuenta todo lo que hemos dicho hasta ahora, podemos recordar un principio básico: el ángel es una entidad espiritual y por ello, más allá de las apariciones más o menos espectaculares. Lo que cuenta verdaderamente es encontrarlo en el plano espiritual.

Impreso en España por
HUROPE, S. L.
Lima, 3 bis
08030 Barcelona